D0829428

# La cuisine au tofu
# et lait de soja

© Éditions Équilibres, 1989
ISBN : 2-87724-053-3

Chantal et Lionel CLERGEAUD

# La cuisine au tofu et lait de soja

*Illustrations :* de Laurent et Lionel CLERGEAUD

## Cuisine & Santé

16, rue Durrmeyer, 61100 FLERS

A Gwendoline, Lydwine et
Gwenwed
... pour lesquelles lait de soja
et tofu sont des aliments de
toujours.

Un hommage au tofu, com-
posé par Ingen, grand maître
Zen, en 1661 :

*« Mame de*
*Shikaku de*
*Yamaraka de »*

qui peut se lire de deux
manières différentes :

*« Fait de fèves de soja,*
*carré, bien coupé*
*et fondant. »*

ou

*« Se montrer diligent*
*à sa place, honnête,*
*et au cœur tendre. »*

COLLECTION « CUISINE & SANTÉ »
CRÉÉE PAR C. et L. CLERGEAUD

# EN GUISE DE PRÉFACE

Aliments traditionnels très anciens, le tofu et le lait de soja ont fourni (et continuent de fournir) à plus d'un milliard d'individus (1/5 de la population de la planète) les protéines nécessaires à leur alimentation.

Les plus vieux textes, tant chinois que japonais, en attribue la découverte et les divers modes de préparation à Liu-An, savant et philosophe chinois, en l'an 100 avant J.C., il y a donc plus de 2 000 ans. Curieusement, ce furent d'abord les classes sociales supérieures (nobles et prêtres) — les seuls en fait qui pouvaient voyager à leur gré — qui découvrirent le tofu* et le firent connaître en Chine, puis au Japon, où il remporta un franc succès à la cour de l'empereur au VIIᵉ siècle.

Son goût délicat et raffiné, la multitude de ses préparations comme sa valeur nutritive lui valurent ses lettres de noblesse : un corps de métier particulier vit le jour : les « Maîtres en tofu » dont le savoir-faire se transmettait de père en fils !

Les prêtres bouddhistes, adeptes du végétarisme, contribuèrent à répandre cet aliment, ouvrant à l'intérieur même de leur temple, de petites échoppes où, non seulement l'on dégustait des plats à base de tofu, mais où l'on découvrait l'art de le préparer et de le servir.

Les Samouraïs eux-mêmes adoptèrent le tofu, ils le suspendaient tout l'hiver, maintenu par un filet de paille tressé, sous l'auvent de leur demeure ; l'alternance du gel (la nuit) et du dégel (la journée) séchait le tofu, tout en lui gardant l'intégralité de ses propriétés nutritives. On obtenait ainsi un « concentré de tofu » de volume réduit, très léger et de conservation presque illimitée. D'où l'intérêt de cet aliment lors des déplacements des Samouraïs.

Les moines utilisaient une autre technique tout aussi efficace pour conserver et concentrer le tofu. Ils enfouissaient les blocs de tofu dans la neige pendant plusieurs semaines...

A partir du XII<sup>e</sup> siècle, la popularité du tofu ne fit que croître. Il s'intégra étroitement à la vie courante, à la langue, et à la culture japonaise.

Nombreuses sont les expressions populaires dans lesquelles il est cité : « Trouver un os dans son tofu » veut dire « se heurter à un défaut chez quelqu'un » ou encore pour une entreprise sans espoir, qu'il vaudrait mieux abandonner : « c'est comme vouloir recoller ensemble deux morceaux de tofu »...

Le tofu comme le lait de soja, fait donc désormais partie intégrante de la cuisine traditionnelle de l'Extrême-Orient.

Le lait de soja constitue l'aliment de base du petit déjeuner tant pour les nourrissons et les enfants que pour les adultes.

Le tofu est présent dans tous les repas apportant ainsi sa richesse protéinique à des peuples peu carnivores.

Le tofu et le lait de soja ont déjà depuis quelques années fait la conquête de nombreux pays ; en Amérique et au Canada, nous les trouvons dans tous les rayons de supermarchés, accommodés de multiples façons. La France est un des derniers pays à leur ouvrir ses portes... et encore timidement car, si le lait de soja est facile à trouver en grandes surfaces, le tofu reste la propriété exclusive des magasins de diététique et de produits naturels.

Ce livre a pour but de vous faire découvrir ces aliments exceptionnels, à haute valeur nutritive, au travers de recettes que nous avons adapté à notre cuisine occidentale et à nos habitudes culinaires.

Pour finir de vous convaincre, parcourez le tableau ci-dessous... il répertorie les différentes qualités du tofu et du lait de soja :

- Haute digestibilité
- Faible taux de calories
- Absence totale de cholestérol
- Grande richesse en lécithine
- Taux de 10 % environ de protéines totalement assimilables
- Apport complet de tous les A.A.E.* (en particulier la lysine, A.A.E. dont les céréales sont pauvres)
- Faible teneur en lipides
- Richesse intéressante en vitamines liposolubles (A, D, E, K) et hydrosolubles (choline vit. B) presque uniquement dans le lait de soja
- Bonne teneur en minéraux : calcium, phosphore, fer, manganèse...
- Faiblesse en sodium
- Haute valeur énergétique
- Absence d'additifs chimiques (colorants, parfum...)
- Coût très modéré
- Préparation rapide : le tofu et le lait de soja peuvent se servir tels quels.

Nous ajouterons comme dernier argument que les dérivés du soja constituent peut être une solution à un problème économique actuel : la même superficie de terre cultivable peut, ensemencée de fèves de soja, produire 33 % de plus de protéines que plantée de n'importe quelle autre plante, et 20 fois plus que si elle servait à l'élevage bovin ou pour le fourrage, tout en ayant un coût beaucoup moins élevé.

Le tofu, source abondante de protéines, est une réponse non seulement aux divers maux de notre vie moderne, en particulier aux maladies cardiovasculaires, au cholestérol, à l'hypertension, à une surconsommation de produits animaux... mais aussi, grâce à son haut rendement, à la surpopulation de notre terre.

---

* Le tofu est obtenu par caillage ou coagulation du lait de soja.
* A.A.E. : Acide Aminé Essentiel.

# LES INGRÉDIENTS UTILISÉS

Tous les produits employés dans les recettes de cet ouvrage, en particulier le tofu et le lait de soja, sont de culture agrobiologique, (c'est-à-dire cultivés sans engrais chimiques, ni pesticides de synthèse) pour les fruits, légumes et céréales.

Les céréales doivent être complètes, les huiles de première pression à froid, le sucre et le sel non raffinés, les œufs, laits, beurre et fromages doivent provenir d'animaux sains, élevés en plein air.

En règle générale, les aliments doivent être les plus naturels et les moins dénaturés possible par les transformations industrielles.

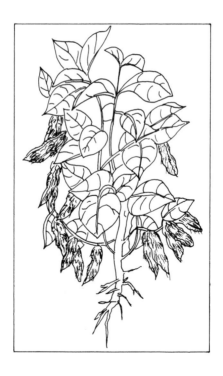

# ABRÉVIATIONS

☐ 1 c. à s.  : une cuillère à soupe (rase
              s'entend)
☐ 1 c. à c.  : une cuillère à café
☐ l         : litre
☐ g         : gramme
☐ mm        : minute
☐ h         : heure

Les quantités d'épices, d'aromates et de sel sont à doser suivant les goûts de chacun.

Nous donnons dans nos recettes de simples indications.

A vous de les adapter, de remplacer éventuellement certains composants par d'autres qui vous conviennent mieux.

# PROPORTIONS

Elles s'entendent pour 5 à 6 personnes. Parfois plus.

# LE LAIT DE SOJA

Encore appelé **filtrat de soja**, le lait de soja peut être fabriqué :
- à partir de la farine de soja.

ou
- à partir de fèves de soja jaunes entières.

Chaque famille peut ainsi préparer son lait.

Malheureusement cette préparation (voir illustration) demande beaucoup de temps... et le produit obtenu ne se conserve pas plus de 24 heures.

De conservation plus sûre est le lait de soja de fabrication industrielle. Pasteurisé ou stérilisé, vous l'utiliserez sans problème plusieurs mois après sa fabrication.

C'est de plus un produit aux réelles qualités :
• Dépelliculées avant cuisson, les graines fournissent un lait au goût très fin.

Fait maison, il a très souvent un fort goût de légumineuse.
• Cuit correctement, le filtrat est débarrassé de ses éléments toxiques.

A savoir : facteur anti-trypsique, lipoxydase, oligo-saccharides.

*Quelques propriétés du lait de soja*

• Aliment intéressant sur le plan nutritif, il renferme des protides (tous les A.A.E.) et des lipides de première qualité, des minéraux (calcium, magnésium, fer, potassium et phosphore), des vitamines (A, B1, B2, B3, B6 et E) et des enzymes.
• Selon certains travaux, le lait de soja favorise la synthèse de la vitamine B12 dans les intestins.
• Il stimule la production d'hémoglobine et alcalinise le sang.
• D'après les médecins japonais, il serait, grâce à son taux bas d'amidon, un remède naturel du diabète, des affections cardiaques, de l'hypertension artérielle, de l'artériosclérose et de l'anémie.
• Préparé à partir de graines de soja de culture biologique, le lait de soja possède encore un avantage sur les laits animaux : il nous évite l'absorption de nombreux produits toxiques utilisés en élevage : antibiotiques, hormones, vaccins...

Le lait de soja, en accord avec sa ressemblance avec le lait de vache, en possède aussi tous les usages. Ainsi toutes les recettes à base de lait de vache peuvent être, sans aucune exception, confectionnées à partir de lait de soja*.

Nous citerons entre autres : les sauces béchamel, les gratins, les flans et entremets, les crèmes, les gâteaux, les yaourts, les glaces sans oublier bien sûr les petits déjeuners, les mueslis et les bouillies des tout-petits.

Par contre, si ce lait peut être donné aux nourrissons, il ne doit pas constituer leur unique alimentation ; il est en effet trop riche en protéines et pas assez en glucides et lipides.

Il faut donc le couper avec une eau de source, y ajouter un peu de miel ou de sucre complet et, complémenter l'apport en lipides à un autre repas.

---

### COMMENT EST PRÉPARÉ INDUSTRIELLEMENT LE LAIT DE SOJA

- Les fèves sont dépelliculées après plusieurs heures de trempage.
- Mises à cuire, elles sont broyées à plus de 80°, ce qui a pour but d'éliminer la lipoxydase.
- De l'eau est ajoutée aux graines broyées. Le mélange est alors cuit sous pression pendant plusieurs minutes afin d'éliminer le facteur anti-trypsique.
- Le mélange est ensuite filtré, pasteurisé (ou stérilisé) puis conditionné en bouteilles plastiques, doy-pack ou tetra-brick, d'un demi-litre ou d'un litre.
- Avant la pasteurisation, le lait peut être parfumé à la vanille, à la fraise, à la banane, au chocolat, au caroube, au café pour les plus courants...
- Il peut aussi servir de base à des entremets : crèmes vanille ou chocolat et à des yaourts parfumés...

---

* C'est pour cette raison que nous ne donnerons que quelques recettes seulement à base de lait de soja.

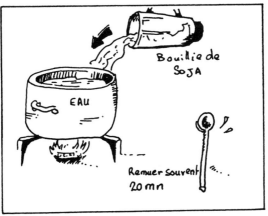

FABRIQUER SON LAIT DE SOJA

# Béchamel onctueuse

- ☐ 1/2 l de lait de soja
- ☐ 3 c. à s. de farine bise
- ☐ 2 c. à s. d'huile de soja
- ☐ 1 c. à c. de moutarde
- ☐ 1 c. à c. de tamari (ou shoyu)
- ☐ 80 g de Comté
- ☐ sel

1 Faire chauffer l'huile et y verser le lait de soja délayé avec la farine.

2 Remuer sans cesse jusqu'à ce que la sauce épaississe.

3 Ajouter ensuite le Comté, la moutarde, le sel, le tamari.

4 Laisser cuire environ 3 mn.


# Béchamel parfumée

- ☐ 1/2 l de lait de soja
- ☐ 2 gros oignons émincés
- ☐ 2 c. à s. d'huile d'olive
- ☐ 3 c. à s. de farine à 85 %
- ☐ 80 g de Comté râpé
- ☐ 2 gousses d'ail hachées
- ☐ herbes de Provence
- ☐ sel

1 Faire revenir les oignons dans l'huile, puis verser le lait de soja délayé avec la farine.

2 Laisser épaissir tout en remuant.

3 Ajouter alors les herbes, le sel, le Comté et l'ail.

# Béchamel à la provençale

- ☐ 1/2 l de Béchamel au soja
- ☐ 1 pot de sauce tomate aromatisée
- ☐ 80 g d'olives noires dénoyautées
- ☐ 2 gousses d'ail hachées

1 Ajouter la sauce tomate à la Béchamel ainsi que les olives et l'ail.
2 Bien mélanger.

OLIVE

# Béchamel à la tomate

- ☐ 1/2 l de Béchamel de soja
- ☐ 1 pot de sauce tomate
- ☐ 2 oignons émincés fin
- ☐ 200 g de champignons blancs
- ☐ 80 g d'olives noires dénoyautées
- ☐ 2 c. à s. d'huile de soja
- ☐ 80 g de Comté râpé
- ☐ 1 c. à c. de tamari (ou shoyu)

1 Préparer la Béchamel.
2 Parallèlement, faire revenir les oignons et les champignons dans l'huile de soja.
3 Les ajouter à la Béchamel avec les olives, la sauce tomate, le tamari, le Comté.
4 Bien remuer et laisser mijoter 5 mn.

# Béchamel au soja

- [ ] 1/2 l de lait de soja
- [ ] 3 c. à s. de farine bise
- [ ] 2 c. à s. d'huile d'olive
- [ ] noix de muscade
- [ ] sel

1 Faire chauffer l'huile, puis y ajouter la farine bien délayée avec le lait de soja.
2 Remuer sans cesse jusqu'à ce que la sauce épaississe.
3 En fin de cuisson, ajouter le sel et la noix de muscade.

# Gratin dauphinois

- [ ] 1/2 l de lait de soja environ
- [ ] 1 kg de pommes de terre pelées et coupées en tranches minces
- [ ] 3 gousses d'ail hachées
- [ ] noix de muscade
- [ ] 200 g de Comté râpé
- [ ] sel

1 Mettre dans un plat à gratin, une couche de pommes de terre, puis une couche de Comté, saler, muscader et ajouter de l'ail ; recommencer.
2 Finir par le Comté.
3 Verser dessus le lait de soja jusqu'à recouvrir les pommes de terre.
4 Cuire à four moyen 1 h 30 environ.
5 Avant la fin de la cuisson, faire gratiner.

* Plat traditionnel, ce gratin est un vrai plat de résistance.

# Clafoutis aux cerises

- ☐ 1/2 l de lait de soja
- ☐ 4 œufs
- ☐ 80 g de sucre roux non raffiné
- ☐ 500 g de cerises dénoyautées
- ☐ 100 g de farine bise
- ☐ 30 g de beurre ou de beurre végétal
- ☐ 1 c. à c. de cannelle
- ☐ sel

1 Mélanger les œufs avec le sucre, la farine, le sel, la cannelle.

2 Délayer avec le lait jusqu'à ce que la pâte soit bien lisse.

3 Déposer les cerises dans un plat à tarte beurré.

4 Recouvrir de pâte et cuire à four doux 45 mn.

5 Saupoudrer le gâteau de sucre.

\* Se mange froid.

# Crème au chocolat

- [ ] 1/2 l de lait de soja
- [ ] 120 g de chocolat en petits morceaux (ou de caroube)
- [ ] 50 g de farine à 85 %
- [ ] 1 œuf entier + 1 jaune
- [ ] 50 g de sucre roux non raffiné
- [ ] 40 g de beurre
- [ ] 1/2 c. à c. de cannelle

1 Faire fondre le chocolat avec très peu d'eau.
2 Mélanger le sucre et les œufs dans une casserole, puis ajouter la farine et très lentement le lait en remuant.
3 Faire cuire le tout à feu très doux.
4 A ébullition, ôter du feu et ajouter le chocolat fondu, puis le beurre.
5 Laisser refroidir.

# Crème au citron

- [ ] 1/2 l de lait de soja
- [ ] 2 citrons
- [ ] 3 jaunes d'œufs
- [ ] 150 g de sucre roux non raffiné
- [ ] 50 g d'amandes en poudre
- [ ] 1 c. à s. de farine bise
- [ ] 1/4 de l d'eau

1 Porter à ébullition le lait, l'eau et le zeste des deux citrons.
2 Pendant ce temps, battre les jaunes d'œufs en omelette, et leur ajouter doucement la farine en remuant puis le sucre, le jus des citrons, la poudre d'amandes et 4 c. à s. de lait bouillant.
3 Oter le lait du feu, y verser le mélange ci-dessus et laisser épaissir à feu doux en remuant bien.
4 Verser dans un plat creux et laisser refroidir.

LAIT

# Crème pâtissière au soja

- ☐ 1/4 l de lait de soja
- ☐ 1/4 l d'eau
- ☐ 60 g de farine bise
- ☐ 3 jaunes d'œufs
- ☐ 1 œuf entier
- ☐ 70 g de sucre roux non raffiné
- ☐ 1 c. à s. de fleur d'oranger (ou autre parfum)

1 Mettre de côté une tasse de lait et faire bouillir le reste du lait et l'eau.

2 Pendant ce temps, dans un saladier mélanger bien la farine, l'œuf entier, les jaunes d'œufs et le sucre, puis ajouter lentement le lait mis de côté.

3 Quand la crème est onctueuse, ajouter le lait bouillant, puis verser le tout dans une casserole et mettre à épaissir sur feu doux sans cesser de remuer.

4 Laisser bouillir très doucement.

5 Lorsque la crème est prise, ôter du feu et ajouter la fleur d'oranger.

# Crêpes au soja

- [ ] 3 verres de lait de soja environ
- [ ] 200 g de farine bise
- [ ] 2 c. à s. d'huile d'olive
- [ ] 4 œufs
- [ ] 2 c. à s. de sucre non raffiné (facultatif)
- [ ] 1 pincée de sel

1 Dans un saladier mélanger la farine, le sucre, le sel, l'huile et les œufs.
2 Délayer peu à peu avec le lait pour obtenir une pâte bien lisse.
3 Faire cuire les crêpes dans une poêle huilée.

\* Se mangent en dessert avec une compote, ou salée et fourrées avec du Comté et des champignons.

# Flan alsacien

- ☐ **2 dl de lait de soja**
- ☐ **500 g de mirabelles dénoyautées**
- ☐ **250 g de farine à 85 %**
- ☐ **150 g de sucre roux non raffiné**
- ☐ **120 g de beurre ramolli**
- ☐ **3 œufs**
- ☐ **60 g d'amandes mondées**
- ☐ **1 c. à s. de fleur d'oranger**
- ☐ **1 pincée de sel**

1 Verser la farine dans un saladier avec le sel et le beurre. Bien pétrir.
2 Ajouter 2 c. à s. d'eau froide et 20 g de sucre.
3 Mettre la pâte en boule et laisser reposer 1 h.
4 Puis étaler la pâte et en garnir un moule à tarte beurré.
5 Recouvrir avec des mirabelles.
6 Mélanger alors le lait, 100 g de sucre, les amandes et les œufs dans un saladier et verser ce mélange sur les mirabelles.
7 Saupoudrer avec le reste de sucre.
8 Cuire 50 mn à four moyen.
9 Servir frais.

# Riz au lait de soja

- ☐ **1 l. 1/4 de lait de soja**
- ☐ **100 g de riz demi-complet**
- ☐ **3 c. à s. de sucre roux non raffiné**
- ☐ **1 gousse de vanille**

1 Faire bouillir le lait avec la vanille.
2 Verser le riz dans le lait bouillant.
3 Ajouter le sucre.
4 Laisser cuire 2 h à 2 h 30 à feu très doux.

\* Vous pouvez incorporer à ce riz au lait tout simple, des raisins secs, des cerises confites, des amandes hachées, etc...

# Semoule aux fruits

- ☐ 1/2 l de lait de soja
- ☐ 100 g de semoule complète
- ☐ 6 pêches (ou abricots) coupées en deux
- ☐ 1/4 l d'eau
- ☐ 250 g de sucre roux non raffiné
- ☐ 1 œuf
- ☐ 10 g de beurre
- ☐ parfum au choix : cannelle, vanille

1  Faire bouillir le lait et l'eau avec le parfum.
2  Verser la semoule en pluie en remuant jusqu'à épaississement.
3  Cuire ensuite 10 à 15 mn à feu doux.
4  Oter du feu, ajoutr 120 g de sucre et l'œuf.
5  Verser cette préparation dans un moule à savarin beurré.
6  Pendant ce temps, pocher les moitiés de pêches à l'eau bouillante, les égoutter et les peler.
7  Préparer le sirop : faire bouillir 1 litre d'eau avec le reste de sucre et y laisser cuire les pêches 1/4 d'heure.
8  Oter les pêches et laisser réduire le sirop à feu vif.
9  Quand la semoule est froide, la démouler sur un plat rond.
10  Garnir le milieu avec les pêches, et verser le sirop sur la semoule.
11  Servir très frais.

\* Dessert énergétique ou goûter...

# MULTIPLES BOISSONS

Vous pouvez fabriquer de multiples boissons saines, énergétiques et digestes, à partir du lait de soja.

Il suffit de leur incorporer des fruits frais (bananes, fraises, framboises, abricots, pêches, ananas...), de la noix de coco râpée, du germe de blé ou de la levure alimentaire, de la vanille ou de la cannelle en poudre, du cacao, du café (vous obtenez un café au lait qui n'en a pas les inconvénients !), du miel, du sucre complet, des sirops de fruits, du thé, des amandes en poudre... et encore bien d'autres choses.

Ces boissons pourront servir de support aux petits déjeuners, goûters, et nombreux en-cas pour les tout petits comme pour les grands.

Nous vous suggérons ci-dessous quelques recettes... à vous ensuite de manier saveurs et couleurs au gré de votre fantaisie.

## Lait de soja à la banane

- ☐ 1 grand verre de lait de soja
- ☐ 1 banane
- ☐ 1 pincée de vanille
- ☐ 1 c. à c. de sucre complet (facultatif)
- ☐ 1 pincée de cannelle

1  Bien mixer tous les ingrédients.

# Lait de soja au chocolat

- ☐ 1 grand bol de lait de soja bouillant
- ☐ 20 g de cacao en poudre (ou de caroube)
- ☐ 1 c. à c. de sucre roux non raffiné
- ☐ 1 pincée de noix de muscade
- ☐ 1/2 c. à c. de cannelle en poudre

1 Passer le lait et les autres ingrédients au mixer.
2 Savourer.

# Lait de soja à la framboise

- ☐ 1 grand verre de lait de soja
- ☐ 80 g de framboises
- ☐ 1 c. à c. de sucre complet (ou miel)
- ☐ 1 c. à c. de levure maltée

1 Passer tous les ingrédients au mixer.

\* Tous les fruits peuvent être utilisés pour cette boisson fort appréciée.

# LE TOFU

Aliment traditionnel de la cuisine chinoise et japonaise, le tofu est encore appelé **fromage de soja**.

A l'inverse des fèves de digestion souvent difficile, c'est un aliment excellent qui gagnerait à être intégré davantage à notre cuisine occidentale, afin qu'elle bénéficie de ses nombreuses qualités diététiques.

Jusqu'à la Seconde Guerre mondiale, presque tout le tofu était fabriqué dans de petites arrières boutiques et vendu frais au petit matin. Maintenant la production de tofu s'est industrialisée et rares sont les petits fabricants de tofu à l'ancienne.

Le tofu se présente sous forme de blocs rectangulaires de 250 g, de couleur blanc-neige, sous emballage plastique et d'une durée de conservation de 3 semaines environ. On peut aussi le trouver stérilisé en bocaux de verre.

Une des propriétés principales du tofu est d'absorber les saveurs et les assaisonnements les plus divers, grâce à son goût neutre et relativement fade, ce qui permet de l'incorporer à un grand nombre de préparation tant salées que sucrées.

Ce « fromage de soja » peut se manger à toutes les sauces : tiède ou glacé en été, grillé, braisé, frit, en marinade, en beignet, à la vapeur ou mijoté, en tranches, en dés, émietté, mixé, le tofu permet d'augmenter la valeur protéique d'un repas tout en restant faible sur le plan calorique.

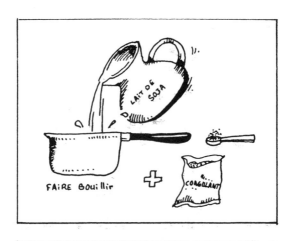

FABRIQUER SON TOFU

# LA PRÉPARATION CHEZ SOI DU TOFU

1  Mettre 300 g de graines de soja jaune à tremper 12 h dans un litre d'eau.
2  Changer l'eau deux fois.
3  Mixer le soja mis à gonfler avec cinq fois son volume d'eau.
4  Faire cuire le mélange pendant un quart d'heure.
5  Laisser refroidir, filtrer et presser la pulpe dans un linge.
6  Faire chauffer le lait jusqu'à ébullition.
7  Ajouter du nigari, jus de citron, présure ou vinaigre. Laisser cailler.
8  Verser le caillé dans une faisselle. Presser.
9  Passer le bloc de tofu obtenu sous l'eau froide pendant 20 mn.
10  A conserver au réfrigérateur dans de l'eau.

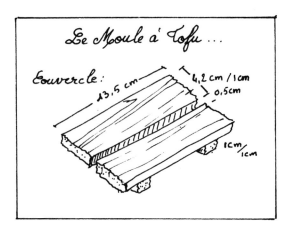

Le Moule à Tofu...

Couvercle :

13,5 cm

4,2 cm / 1cm

0,5cm

1cm / 1cm

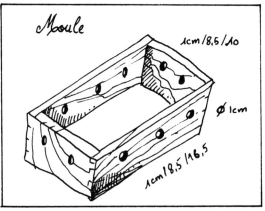

Moule

1cm / 8,5 / 10

Ø 1cm

1cm / 8,5 / 16,5

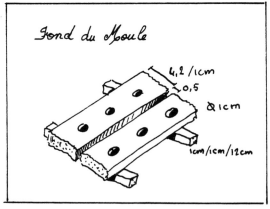

Fond du Moule

4,2 / 1cm

0,5

Ø 1cm

1cm / 1cm / 12cm

FABRIQUER UN MOULE A TOFU

# LES COAGULANTS

*(pour 1 tasse 1/2 de fèves sèches au départ)*

- *Eau de mer :*
  De grande pureté, c'est le coagulant le plus ancien.
  1 tasse d'eau de mer.

- *Nigari naturel :*
  Extrait du sel de mer depuis des siècles par les paysans japonais. Placer du gros sel gris dans un égouttoir au-dessus d'un récipient et mettre le tout dans un endroit humide ; le liquide qui va tomber goutte à goutte est du nigari.
  1 et demi à 2 et demi c. à c. dilué dans une tasse d'eau.

- *Nigari raffiné :*
  Ne contient que du chlorure de magnésium ; de plus en plus utilisé à cause de la pollution des océans.
  2 c. à c. dilué dans une tasse d'eau.

- *Sulfate de calcium :*
  Fine poudre blanche utilisée depuis 2 000 ans en Chine qui provient du gypse naturel. Permet d'incorporer plus d'eau dans le tofu, donc d'en produire plus.
  2 c. à c. dilué dans une tasse d'eau.

- *Sulfate de magnésium :*
  Même avantage que le sulfate de calcium.
  2 c. à c. dilué dans une tasse d'eau.

- *Lactone :*
  Dérivé de l'acide gluconique. Les autres coagulants lui sont préférables.

- *Vinaigre de cidre :*
  Donne un goût légèrement acidulé et très agréable au tofu.
  3 c. à s. dilué dans une tasse d'eau.

- *Citron :*
  Même goût qu'avec le vinaigre de cidre.
  4 c. à s. dilué dans une tasse d'eau.

# CONSERVATION DU TOFU

— 2 jours pour le tofu artisanal. Mais vous pouvez aussi le congeler...
— 20 jours (à 4°) pour le tofu industriel. Un bloc ouvert se conserve au réfrigérateur dans de l'eau froide. Changer l'eau tous les jours.

*
* *

**Pour raffermir le tofu et éviter qu'il ne s'émiette, vous pouvez le faire blanchir 2 à 3 mn dans l'eau bouillante.**

*
* *

Nous ne reviendrons pas sur les qualités nutritionnelles du tofu (se reporter pages 8 et 9) ; nous rappellerons simplement que sous forme de tofu, le soja est débarrassé de ses éléments antinutritionnels et qu'il est prédigéré ; sa richesse en fer le fait recommander aux enfants, adolescents, sportifs, et personnes du troisième âge.

De plus, peu calorique (87 cal./100 g), il est conseillé dans tout régime amaigrissant et hypocalorique.

Enfin, le tofu est un véritable trésor protéique : ses 8 à 12 % de protéines assimilables contiennent les 10 A.A.E. dont la lysine en abondance ; or cet A.A.E. est un facteur limitant pour les céréales (ce qui est un problème pour les végétariens).

Ce point est donc résolu avec la consommation régulière de tofu.

De plus, la valeur protéique du tofu peut être encore augmentée de 32 % lorsque celui-ci est combiné avec du blé complet (farine ou céréale), d'où l'intérêt des sandwichs ou hamburgers au tofu, des chapatis, des tartes ou quiches au tofu...

Pour une valeur protéique encore plus grande, il suffit d'incorporer quelques graines de sésame, ou de la purée de fruits secs ou quelques fruits secs à l'association blé-tofu, nous arrivons alors à 42 %. Une autre bonne combinaison : tofu-lait-blé complet-fromage très équilibrée du point de vue protéique.

Le riz complet ou le sarrasin complémenté avec du tofu est légèrement moins protéique, mais augmente sa valeur de 25 %.

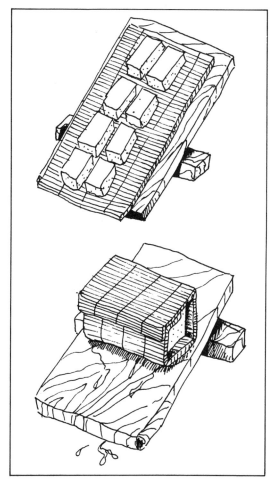

# UTILISATION DU TOFU

• *Mixé :* dans les mayonnaises, sauces de salades, crèmes sucrées, gâteaux, pour épaissir soupes et potages, purées, soufflés.

• *Emietté :* galettes, hamburgers, salades, sauces bolognaises, pâtés végétaux, légumes farcis...

• *En dés :* salades, crudités, omelettes, plats en sauce, brochettes...

• *en tranches :* tofu pané, poêlé ou frit.

Il existe également un tofu sec importé du Japon ; surgelé dans un premier temps, puis déshydraté, c'est un aliment beaucoup plus concentré que le tofu courant... (56 g de protéines pour 100 g).

Maintenant vous savez tout sur le tofu... il ne reste plus qu'à expérimenter, à pratiquer, à mélanger goûts et saveurs, à explorer le monde infini du tofu d'abord à tâtons, puis peu à peu à imaginer, à inventer, à créer de nouvelles recettes pour devenir alors à votre tour : un « Maître en Tofu » dans la plus fidèle tradition de l'Extrême-Orient.


# LES BOISSONS

## Cocktail au tofu

☐ **50 g de tofu**
☐ **125 ml de jus de pommes**
☐ **1/2 banane**

1  Mixer le tout jusqu'à consistance lisse.
2  Servir très frais.

\* **Cocktail sain !**

# Lait énergétique à l'abricot

- ☐ **125 g de tofu**
- ☐ **5 abricots**
- ☐ **3/4 l de lait de soja**
- ☐ **4 c. à s. de miel ou de sève d'érable ou de sucre complet**
- ☐ **1 c. à c. de vanille en poudre**
- ☐ **1 c. à c. de germes de blé (facultatif)**

1 Bien mélanger tous les ingrédients dans le bol mixer.

2 Servir très frais.

# Lait énergétique à la framboise

- ☐ **125 g de tofu**
- ☐ **200 g de framboises**
- ☐ **3/4 l de lait de soja**
- ☐ **4 c. à s. de miel ou de sève d'érable ou de sucre complet**
- ☐ **1 c. à c. de levure maltée (facultatif)**

1 Bien mélanger les ingrédients dans le bol mixer.

2 Servir très frais.

\* **Vous pouvez obtenir de nombreux laits énergétiques aux fruits : fraises, pêches, mûres, cassis, poires...**

# Lait à l'orange

- ☐ **125 g de tofu**
- ☐ **1/2 l de jus d'orange**
- ☐ **3 c. à s. de sucre complet ou de sucre roux non raffiné**
- ☐ **2 yaourts**

1 Bien mélanger tous les ingrédients dans le bol mixer.

2 Servir très frais.

# LES SAUCES

## Aioli

- [ ] **200 g de tofu**
- [ ] **1 c. à s. de jus de citron**
- [ ] **1 c. à c. de moutarde au citron**
- [ ] **2 c. à s. d'huile d'olive (ou autre)**
- [ ] **4 gousses d'ail**
- [ ] **sel**

    1 Dans le bol mixer verser le tofu, la moutarde, le citron, le sel, l'ail et l'huile.
    2 Mixer le tout.

\* **A consommer avec des légumes crus et cuits et des œufs durs.**

## Aioli au fromage blanc

- [ ] **125 g de tofu**
- [ ] **2 c. à s. d'huile d'olive**
- [ ] **5 gousses d'ail**
- [ ] **4 c. à s. de fromage blanc**
- [ ] **sel**

    1 Dans le bol mixer verser le tofu, l'huile, l'ail et le fromage blanc
    2 Mixer le tout.

*A ajouter selon les goûts et selon les plats servis :*

- [ ] **1 oignon émincé**
- [ ] **ail**
- [ ] **persil + ail**
- [ ] **1 c. à c. d'aneth**
- [ ] **des cornichons en petits dés**

- ☐ 1 c. à c. d'herbes hachées au choix (persil, cerfeuil, marjolaine, estragon, thym, basilic, menthe...)
- ☐ moutarde
- ☐ purée de sésame, d'arachides ou de noisettes
- ☐ raisins secs
- ☐ amandes, noix et noisettes hachées
- ☐ gomasio
- ☐ 1/2 c. à c. d'épices au choix : curcuma, curry, paprika, coriandre, gingembre

\* Très savoureux avec des légumes cuits à la vapeur.

# Beurres au tofu

*Pour sandwiches ou toasts*

## Beurre aux herbes

- ☐ 60 g de tofu
- ☐ 200 g de beurre mou ou de beurre végétal
- ☐ 3 c. à s. de lait de soja
- ☐ 1 c. à s. de persil haché
- ☐ 2 échalotes hachées finement

1 Mixer tous les ingrédients afin d'obtenir un beurre lisse.

## Beurre au roquefort

- ☐ même ingrédients que ci-dessus
- ☐ remplacer le persil, la ciboulette et les échalotes par 80 g de Roquefort

## Beurre à l'ail

- ☐ remplacer les échalotes par 3 ou 4 gousses d'ail

# Crème à tartiner au curcuma

- ☐ 200 g de tofu
- ☐ 3 c. à s. de mayonnaise
- ☐ 1 c. à c. de curcuma en poudre
- ☐ 1 échalote hachée
- ☐ 1 carotte râpée
- ☐ 1 gousse d'ail hachée
- ☐ sel, poivre

1 Passer au mixer tous les ingrédients (sauf la carotte).

2 Incorporer la carotte.

\* Excellente sur un lit de laitue entourée de bâtonnets de carottes et de rondelles de tomates.

# Pâte à tartiner aux olives et aux noix

- ☐ 125 g de tofu
- ☐ 10 olives noires dénoyautées
- ☐ 60 g de noix
- ☐ 1 c. à s. de fromage blanc
- ☐ 1 gousse d'ail hachée
- ☐ 1 c. à s. de tamari

1 Bien mixer tous les ingrédients.

2 Verser dans un petit pot.

3 Garder au réfrigérateur 1 h au moins avant de consommer.

\* Un délice, tartinée sur des grosses tranches de pain de seigle, en compagnie d'une salade frisée bien aillée !

# Crème de tofu

- ☐ 200 g de tofu
- ☐ 2 c. à c. de jus de citron ou de vinaigre de cidre
- ☐ 2 c. à c. d'huile
- ☐ 1/2 c. à c. de sel

1 Mixer tous les ingrédients jusqu'à obtention d'une crème lisse.

\* Cette crème de tofu est une bonne base pour diverses crèmes : il suffit de lui ajouter des aromates, épices et fines herbes au choix, de petits dés de légumes, des olives, des cornichons, de l'ail ou de l'oignon émincé, etc.

# Crème de tofu à l'avocat

- ☐ **125 g de tofu**
- ☐ **1 avocat**
- ☐ **1 c. à s. de jus de citron**
- ☐ **1 tomate**
- ☐ **1 c. s. d'huile d'olive**
- ☐ **1 c. à s. de persil haché**
- ☐ **1 gousse d'ail hachée**
- ☐ **1 oignon émincé**
- ☐ **1/2 c. à c. de paprika en poudre**
- ☐ **sel**

1 Mélanger tous les ingrédients au mixer jusqu'à obtention d'une crème lisse et homogène.
2 Verser cette préparation dans un bol.

\* Présenter le bol au centre d'un grand plat ; l'entourer de légumes crus, découpés en bâtonnets, en bouquets, ou en dés : carottes, chou-fleurs, navets, concombres, courgettes, tomates, radis, etc.

# Sauce bolognaise express

- ☐ **200 g de tofu émietté**
- ☐ **2 petits pots de sauce tomate parfumée**

1 Mélanger la sauce tomate et le tofu.
2 Mettre à chauffer.

# Crème onctueuse aux olives et aux noix

- [ ] **250 g de tofu émietté**
- [ ] **20 olives noires dénoyautées**
- [ ] **80 g de noix**
- [ ] **20 cl de crème fraîche**
- [ ] **1 gousse d'ail hachée**
- [ ] **3 c. à s. d'huile d'olive**
- [ ] **1 c. à c. de jus de citron**
- [ ] **sel**

1 Mélanger tous les ingrédients.
2 Mixer jusqu'à l'obtention d'une crème ontueuse.

\* **Peut se tartiner !**

# Mayonnaise au tofu

- [ ] **200 g de tofu**
- [ ] **1 c. à s. de jus de citron**
- [ ] **1 c. à c. de moutarde**
- [ ] **4 c. à s. d'huile**
- [ ] **sel**

1 Mixer le tofu, la moutarde, le citron, le sel et ajouter l'huile goutte à goutte.

\* **Pour une mayonnaise sans matière grasse, remplacer l'huile par du fromage blanc à 0 %.**
\* **Ajouter aromates, fines herbes et épices au choix.**

# Mayonnaise au tofu et au persil

- [ ] **200 g de tofu**
- [ ] **3 c. à s. d'huile de soja**
- [ ] **1 c. à s. de jus de citron**
- [ ] **1 c. à c. de miso**
- [ ] **1/2 c. à c. de gomasio**

- ☐ 1/2 c. à c. d'ail en poudre
- ☐ 1 c. à c. de persil haché

1 Passer au mixer tous les ingrédients.

# Mayonnaise au tofu et au sésame

- ☐ 200 g de tofu
- ☐ 2 c. à s. de purée de sésame
- ☐ 1 c. à s. de vinaigre de cidre ou de jus de citron
- ☐ 1 c. à c. de moutarde au citron
- ☐ 1 c. à c. de tamari (ou shoyu)
- ☐ 1/2 c. à c. de curcuma en poudre

1 Mélanger ensemble tous les ingrédients et passer le tout au mixer.

# Sauce onctueuse à la ciboulette

- ☐ 200 g de tofu
- ☐ 200 g de crème fraîche
- ☐ 1 gousse d'ail hachée
- ☐ 2 c. à s. de ciboulette hachée
- ☐ 1 c. à s. de persil haché
- ☐ sel

1 Mixer le tofu avec la crème fraîche.
2 Incorporer l'ail et les fines herbes.
3 Saler.

* Napper sur des pommes de terre vapeur ou à l'eau.

# Sauce bolognaise maison

- ☐ **200 g de tofu émietté**
- ☐ **1 kg de tomates**
- ☐ **2 oignons émincés**
- ☐ **3 c. à s. d'huile d'olive**
- ☐ **1 c. à s. de persil haché (ou de basilic)**
- ☐ **3 gousses d'ail hachées**
- ☐ **1 feuille de laurier**
- ☐ **1 branche de thym**
- ☐ **1 branche de romarin**
- ☐ **sel**

1 Faire revenir les oignons dans l'huile.
2 Peler les tomates, les couper en quartiers et les mettre à cuire avec les oignons.
3 Ajouter l'ail, le persil et les herbes.
4 Saler et laisser mijoter 3/4 d'heure.
5 Incorporer alors le tofu et laisser cuire encore 10 mn.
6 Vous pouvez servir cette sauce telle quelle ou passée au presse-purée.

\* **Un petit goût d'Italie pour cette sauce parfaite sur des spaghettis.**

# Sauce onctueuse au cumin

- ☐ **125 g de tofu**
- ☐ **4 c. à s. de fromage blanc**
- ☐ **1 c. à c. de persil haché**
- ☐ **1 pincée de muscade**
- ☐ **1 c. à s. de graines de cumin**
- ☐ **1 pincée de paprika**
- ☐ **sel**

1 Mixer ensemble tous les ingrédients.

\* **Cette sauce peut être servie, chaude pour accompagner un curry de légumes, ou froide pour napper des crudités.**

# Sauce onctueuse
# aux petits oignons

- ☐ 200 g de tofu
- ☐ 200 g de crème fraîche
- ☐ 200 g de tofu
- ☐ 3 cébettes (ou petits oignons nouveaux avec leurs tiges)
- ☐ 1 gousse d'ail
- ☐ 1 c. à c. de tamari
- ☐ sel

1 Bien mixer ensemble tous les ingrédients.

* Délicieux avec des crudités découpées en bâtonnets que l'on trempe directement dans le bol de sauce.


# Sauce au tofu

- ☐ 300 g de tofu
- ☐ 15 cl d'eau
- ☐ 1 c. à s. d'huile de sésame
- ☐ 1 oignon haché menu
- ☐ 1 gousse d'ail hachée
- ☐ 1 c. à s. de persil ou de menthe
- ☐ coriandre
- ☐ gingembre

1 Faire revenir l'oignon et l'ail dans l'huile à feu doux, 5 mn.

2 Ajouter les épices.

3 Mixer avec les autres ingrédients.

4 Faire chauffer à feu doux.

* Servir avec du riz et des légumes.

# Sauce au tofu à l'italienne

- [ ] **250 g de tofu émietté**
- [ ] **150 g de champignons émincés**
- [ ] **1 carotte râpée**
- [ ] **200 g d'haricots verts coupés en tronçons**
- [ ] **2 oignons émincés**
- [ ] **2 gousses d'ail hachées**
- [ ] **2 c. à s. d'huile d'olive**
- [ ] **120 g de Comté râpé**
- [ ] **1 feuille de laurier**
- [ ] **sel**

1 Cuire rapidement les haricots verts à la vapeur.

2 Faire revenir les oignons, les champignons et l'ail dans l'huile d'olive quelques minutes.

3 Ajouter le tofu, la carotte, les haricots et le laurier puis cuire en remuant sans cesse une dizaine de minutes.

4 Saler, saupoudrer de Comté.

\* **Cette sauce sert d'accompagnement pour les pâtes bien sûr, mais aussi pour différentes céréales cuites à l'eau : riz complet, boulghour, sarrasin, millet...**

# Vinaigrette au tofu

- [ ] **125 g de tofu**
- [ ] **1 yaourt**
- [ ] **2 c. à s. de jus de citron**
- [ ] **2 c. à s. d'huile de sésame**
- [ ] **ail**
- [ ] **oignon**
- [ ] **persil, ciboulette**
- [ ] **sel**

1 Mixer ensemble tous les ingrédients.

# LES ENTRÉES

## Brochettes de tofu
### *Pour 8 brochettes*

- 400 g de tofu coupé en dés
- 1 courgette coupée en dés
- 16 petits champignons de Paris
- 16 olives dénoyautées
- 4 tomates coupées en dés
- 1 c. à c. d'ail en poudre
- huile d'olive
- herbes de Provence
- piment doux
- paprika doux
- sel

1 Mettre le tofu, la courgette, et les tomates à mariner 3 à 4 h dans l'huile aromatisée avec les herbes, le sel, le piment, le paprika et l'ail.

2 Y ajouter les champignons et les olives.

3 Puis enfiler sur des brochettes les différents ingrédients et faire cuire sur le grill ou au barbecue.

\* Idéal pour un buffet en plein air.

# Caviar d'aubergines au tofu

- [ ] **125 g de tofu**
- [ ] **3 grosses aubergines**
- [ ] **2 c. à s. de purée de sésame**
- [ ] **4 c. à s. de persil haché**
- [ ] **3 gousses d'ail hachées**
- [ ] **2 c. à c. de jus de citron**
- [ ] **1 c. à s. d'huile d'olive**
- [ ] **sel**

1 Couper les aubergines en deux dans le sens de la longueur.
2 Les cuire au four ou sur le grill jusqu'à ce que la chair soit tendre.
3 Oter la peau et mixer la chair avec tous les autres ingrédients, sauf l'huile d'olive.
4 Verser dans un plat creux, faire une rigole avec le doigt et verser l'huile d'olive.
5 Saupoudrer de persil haché.

\* **Variantes : même recette en ajoutant 1 à 2 tomates. Vous pouvez aussi cuire les aubergines au barbecue, ce qui leur donnera une saveur légèrement fumée.**

# Courgettes au tofu

- [ ] **100 g de tofu**
- [ ] **4 courgettes**
- [ ] **2 œufs durs**
- [ ] **1 c. à s. de tapenade**
- [ ] **herbes de Provence**

1 Faire cuire les courgettes à l'eau ou à la vapeur.
2 Pendant ce temps, émietter le tofu ainsi que les œufs durs et les mélanger ensemble.
3 Leur ajouter la tapenade et les herbes.
4 Couper en deux dans le sens de la longueur les courgettes. Puis les évider et les remplir de la farce ci-dessus.

\* **Se mange en entrée très frais.**

# Laitue au tofu et aux noix

- [ ] 125 g de tofu émietté
- [ ] 1 belle laitue bien pommée
- [ ] 125 g de tofu émietté
- [ ] 125 g de noix en cerneaux
- [ ] 1 échalote émincée
- [ ] 3 c. à s. d'huile d'olive
- [ ] 1 c. à s. de vinaigre de cidre
- [ ] 1 c. à c. de moutarde au citron
- [ ] 1 c. à c. de persil haché
- [ ] 1 c. à c. de thym en poudre
- [ ] sel
- [ ] une vingtaine de petits croûtons aillés

1 Préparer la sauce dans le saladier en mélangeant l'huile, le vinaigre, la moutarde, le thym, le persil et le sel.
2 Incorporer le tofu émietté et mélanger soigneusement.
3 Ajouter la salade.
4 Déposer au-dessus les croûtons et les noix.

# Salade alsacienne

- [ ] 200 g de tofu coupé en petits dés
- [ ] 4 grosses pommes de terre cuites et coupées en dés
- [ ] 1 concombre coupé en fines rondelles
- [ ] 1 carotte coupée en petits dés
- [ ] 3 échalotes hachées
- [ ] 1 pincée de paprika
- [ ] 1 c. à c. de graines de fenouil
- [ ] 1/2 c. à c. de cumin en poudre
- [ ] 1/2 c. à s. de mayonnaise ou 1 yaourt
- [ ] sel, poivre

1 Bien mélanger tous les ingrédients.
2 Servir sur un lit de cresson.

\* Décorer tout autour d'olives noires et de radis roses.

# Pâté de tofu aux épinards

- [ ] **400 g de tofu**
- [ ] **200 g d'épinards**
- [ ] **250 g de pain complet**
- [ ] **60 g de farine de soja**
- [ ] **1 c. à c. de levure maltée**
- [ ] **1 œuf**
- [ ] **2 c. à s. de purée de sésame**
- [ ] **1 gousse d'ail hachée**
- [ ] **sel**
- [ ] **noix de muscade**
- [ ] **curcuma**

1 Mettre le pain à tremper dans l'eau.

2 Cuire les épinards 10 mn environ, puis les hacher menu.

3 Dans un saladier, mélanger le tofu en miettes, le pain trempé et pressé, l'œuf, l'ail, les aromates, la purée de sésame, la farine, les épinards.

4 Bien mélanger.

5 Verser dans un moule huilé et cuire 3/4 d'heure à four chaud.

\* **Se mange chaud ou froid.**

# Pâté japonais

- [ ] **200 g de tofu**
- [ ] **100 g de champignons émincés**
- [ ] **1 échalote hachée**
- [ ] **2 c. à s. de purée de sésame**
- [ ] **1 c. à c. de levure maltée**
- [ ] **20 g de graisse végétale**
- [ ] **80 g d'olives noires dénoyautées**
- [ ] **1 c. à c. de miso**
- [ ] **1 c. à c. de basilic haché**

1 Passer au mixer les champignons, l'échalote, les olives et le tofu avec 1/2 verre d'eau.

*Recto :*
**LAITUE AU TOFU ET AUX NOIX (p. 47)**

*Ci-dessous :*
**CRÈME DE TOFU A L'AVOCAT (p.39)**

*Recto :*
**CURRY DE TOFU AUX DEUX CÉRÉALES** *(p. 57)*
**GALETTES DE TOFU** *(p. 58)*

*Ci-dessous :*
**SALADE ALSACIENNE** *(p. 47)*

*Recto :*
QUICHE AU TOFU A LA PROVENÇALE *(p. 68)*

*Ci-dessous :*
TOMATES FARÇIES AU BASILIC *(p. 51)*
TOFU AU TAMARI *(p. 73)*
TOFU MARINÉ *(p. 75)*

*Recto :*
*LAIT DE SOJA A LA BANANE (p. 25)*
*LAIT ÉNERGÉTIQUE A LA FRAMBOISE (p. 35)*
*MOUSSE AUX FRAMBOISES (p. 84)*
*MOUSSE AUX PRUNEAUX (p. 85)*

*Ci-dessous :*
*GÂTEAU AU FROMAGE BLANC ET AU TOFU (p. 83)*
*CRÈME A L'ANANAS (p. 80)*

2 Ajouter à ce mélange la levure, le miso, le basilic et la purée de sésame.
3 Laisser cuire 15 à 20 mn sans cesser de remuer.
4 Se mange froid.

# Salade de fenouil

- ☐ **200 g de tofu coupé en dés**
- ☐ **2 pommes coupées en dés (granny smith de préférence)**
- ☐ **2 fenouils émincés**
- ☐ **2 branches tendres de céleri émincé**
- ☐ **50 g de noix**
- ☐ **50 g de raisins secs**
- ☐ **1 laitue coupée en lanières**

*Sauce :*

- ☐ **1 c. à s. d'huile de noix**
- ☐ **1 c. à s. d'huile de tournesol**
- ☐ **1 c. à c. de jus de citron**
- ☐ **1 c. à c. de persil haché**
- ☐ **1 c. à c. de moutarde au citron**
- ☐ **sel**

1 Déposer la laitue dans le fond d'un plat creux.
2 Par-dessus, disposer tous les autres ingrédients bien mélangés.
3 Napper de sauce.

POMME

# Soufflés de tofu aux carottes

- [ ] 180 g de tofu
- [ ] 400 g de carottes
- [ ] 60 g de Comté râpé
- [ ] 1/4 c. à c. de muscade en poudre
- [ ] 1 c. à c. d'estragon frais haché
- [ ] sel

1 Faire cuire les carottes à la vapeur ou à l'étouffée.

2 Les réduire en purée au mixer avec le tofu.

3 Ajouter le Comté, la noix de muscade, l'estragon et saler.

4 Verser cette préparation dans de petits moules à soufflés beurrés (ou dans un grand moule).

5 Cuire à four préchauffé à 200°, 30 mn.

\* **Se dégustent sans plus attendre !**

# Tofu en salade

- [ ] 200 g de tofu coupé en très petits dés
- [ ] 2 tomates coupées en rondelles
- [ ] 100 g de maïs en grains
- [ ] 1 poivron vert coupé en lamelles
- [ ] 1 petit concombre coupé en rondelles
- [ ] 80 g d'olives noires
- [ ] 1 échalote hachée
- [ ] 1 gousse d'ail hachée
- [ ] 1 c. à s. de graines de tournesol

- ☐ 60 g de raisins secs
- ☐ 2 c. à s. d'huile de sésame
- ☐ 1 c. à c. de vinaigre de cidre
- ☐ sel

1 Dans un saladier, mettre les légumes, ainsi que les olives et les raisins.
2 Leur ajouter le tofu et napper de sauce.
3 Saupoudrer de graines de tournesol.

\* Dans toutes les sortes de salades, le tofu peut s'accommoder parfaitement, émietté ou coupé en petits dés, en apportant sa richesse en protéines.

# Tomates farcies au basilic

- ☐ 125 g de tofu
- ☐ 6 tomates
- ☐ 1 avocat
- ☐ 50 g d'olives noires dénoyautées
- ☐ 1 c. à s. de basilic
- ☐ 2 gousses d'ail
- ☐ le jus d'un citron

1 Oter le chapeau des tomates, les évider.
2 Mixer ensemble tous les autres ingrédients.
3 Farcir les tomates de la préparation au tofu.
4 Remettre les chapeaux.
5 Présenter sur un joli lit de cresson.

GINGEMBRE

# LES PLATS PRÉPARÉS

## Aubergines à la chinoise

- ☐ **250 g de tofu coupé en petits dés**
- ☐ **500 g d'aubergines coupées en petits dés**
- ☐ **350 g d'haricots verts coupés en petits tronçons**
- ☐ **2 c. à s. de graines de sésame**
- ☐ **3 c. à s. d'huile de sésame**
- ☐ **2 c. à s. de tamari**
- ☐ **sel**

1 Faire chauffer l'huile dans le wok (ou à défaut dans un gros poêlon).
2 Y faire frire les aubergines à feu vif jusqu'à ce qu'elles soient presque cuites.
3 Verser le tamari et bien remuer.
4 Ajouter les haricots et le tofu.
5 Cuire jusqu'à ce que les haricots soient cuits, mais légèrement croquants.
6 Ajouter les graines de sésame.
7 Cuire une minute.
8 Servir aussitôt accompagné d'un bol de riz.

\* Le contraste entre le moelleux du tofu et le croquant des légumes est très agréable.

## Boulettes de tofu

- ☐ **400 g de tofu**
- ☐ **2 c. à s. de carottes râpées**
- ☐ **1 oignon émincé ou 3 échalotes émincées**
- ☐ **3 champignons de Paris émincés**
- ☐ **1 c. à s. de petits pois**
- ☐ **1 c. à s. de raisins secs**

- ☐ 1 c. à s. de graines de sésame
- ☐ 1 c. à s. de noix hachées
- ☐ 1/2 c. à c. de gingembre râpé
- ☐ sel
- ☐ huile pour frire

1 Pétrir tous les ingrédients jusqu'à obtenir une pâte qui se tienne bien.
2 Saler.
3 Former à la main de petites boulettes.
4 Les frire à la poêle dans l'huile (les boulettes remontent à la surface quand elles sont cuites).

\* Servir chaud accompagnées de salades vertes et arrosées de tamari.


# Coquillettes au tofu et au basilic

- ☐ 250 g de tofu coupé en dés
- ☐ 500 g de coquillettes complètes
- ☐ 4 c. à s. d'huile d'olive
- ☐ 6 gousses d'ail hachées
- ☐ 1 c. à s. de basilic haché
- ☐ 200 g de Comté râpé
- ☐ sel

1 Cuire les coquillettes à l'eau bouillante salée.
2 Faire revenir les dés de tofu à l'huile d'olive jusqu'à ce qu'ils soient bien dorés.
3 Egoutter les coquillettes.
4 Les mélanger aux dés de tofu.
5 Saler, incorporer l'ail, le basilic.
6 Servir recouvert de Comté râpé.

\* On peut remplacer le Comté par du Parmesan.

# Chou farci au tofu

- [ ] 200 g de tofu émietté
- [ ] 1 gros chou vert
- [ ] 2 oignons émincés
- [ ] 3 gousses d'ail hachées
- [ ] 180 g de champignons émincés
- [ ] 80 g de noix de caju hachées
- [ ] 1 grand bol de riz cuit
- [ ] 1 c. à c. d'herbes de Provence
- [ ] 1 c. à c. de persil haché
- [ ] 1 c. à s. d'huile d'olive
- [ ] sel

1. Faire cuire le chou entier à la vapeur ou à l'étouffée.
2. Faire revenir les oignons, l'ail, les noix et les champignons dans l'huile d'olive une dizaine de minutes.
3. Saler, incorporer le persil, les herbes de Provence et mélanger avec le riz et le tofu.
4. Farcir le chou en intercalant cette préparation entre les feuilles.
5. Faire plusieurs fois le tour du chou avec une ficelle pour le faire tenir.
6. Cuire au four 3/4 d'heure.

* Variante : déposer 2 c. à s. au centre d'une feuille de chou et rouler la feuille. Placer tous les rouleaux côte à côte dans un plat allant au four.
* Servir nappé d'une sauce tomate bien relevée.

# Crème de cresson

- [ ] 250 g de tofu émietté
- [ ] 1 botte de cresson
- [ ] 500 g de pommes de terre
- [ ] 1 l et demi d'eau
- [ ] 1 c. à s. d'huile d'olive ou de tournesol

☐ 1 pincée de noix de muscade
☐ sel, poivre

1 Faire cuire les pommes de terre et le cresson dans l'eau 1/2 heure.
2 Incorporer le tofu et la noix de muscade.
3 Saler.
4 Passer le tout au mixer jusqu'à obtenir une crème lisse.
5 Ajouter l'huile et servir aussitôt.
6 Ne pas oublier les petits croûtons.

\* Ce potage au goût subtil, est riche en protéines, grâce à l'adjonction de tofu.
\* 1 c. à s. de crème fraîche ajoutée à la préparation se marie à merveille avec le goût acide du cresson.

# Croquettes

☐ 250 g de tofu émietté
☐ 100 g de carottes râpées
☐ 100 g de champignons émincés
☐ 1 œuf battu
☐ 1 gros oignon haché
☐ 1 gousse d'ail hachée
☐ 3 c. à s. de graines de sésame
☐ sel, poivre
☐ huile pour la cuisson

1 Mélanger les ingrédients.
2 Former des boulettes à la cuillère et les faire cuire à la poêle dans l'huile, 3 à 4 mn de chaque côté.
3 Parsemer de persil haché ou mieux d'un beurre au persil.

# Croquettes de riz et de tofu

- [ ] **150 g de tofu**
- [ ] **1 tasse de riz cuit**
- [ ] **3 c. à s. de graines de tournesol moulues**
- [ ] **1 échalote émincée**
- [ ] **1 carotte râpée**
- [ ] **1 gousse d'ail hachée**
- [ ] **1 c. à s. de fines herbes hachées**
- [ ] **sel**
- [ ] **huile pour la cuisson**

1. Mélanger tous les ingrédients.
2. Façonner des croquettes.
3. Les faire cuire à la poêle dans l'huile 5 mn de chaque côté.

\* **S'agrémente fort bien d'une sauce tomate parfumée au basilic.**


# Croquettes de tofu aux noix

- [ ] **250 g de tofu**
- [ ] **1 carotte râpée**
- [ ] **4 échalotes émincées**
- [ ] **2 gousses d'ail hachées**
- [ ] **3 c. à s. de noix hachées**
- [ ] **1 c. à s. de graines de tournesol**
- [ ] **1 c. à c. de persil haché**
- [ ] **sel**
- [ ] **huile pour cuisson**

1. Mélanger tous les ingrédients.
2. Façonner avec les mains des croquettes.
3. Les cuire à la poêle dans l'huile environ 5 mn de chaque côté.

\* **Ces croquettes de santé sont également très savoureuses !**

# Curry de tofu

- [ ] **350 g de tofu coupé en dés**
- [ ] **3 tomates**
- [ ] **2 oignons émincés**
- [ ] **3 c. à s. d'huile d'olive**
- [ ] **2 c. à s. de crème fraîche**
- [ ] **1 c. à s. de farine**
- [ ] **1 c. à c. de curry**
- [ ] **1 c. à s. de tamari (sauce de soja)**
- [ ] **sel**

1 Faire revenir les dés de tofu dans le tamari et une cuillère à soupe d'huile, environ 5 mn.
2 Les ôter du feu.
3 Faire fondre les oignons dans les deux c. à s. d'huile restantes, ajouter la farine et le curry.
4 Laisser cuire quelques minutes.
5 Ajouter la crème fraîche.
6 Saler.
7 Mélanger avec le tofu.

\* **Servir avec du riz et des légumes.**

# Dauphinois au tofu

- [ ] **250 g de tofu coupé en tranches fines**
- [ ] **2 oignons émincés**
- [ ] **5 pommes de terre coupées en rondelles**
- [ ] **80 g de Comté râpé**
- [ ] **1/2 l de lait environ**
- [ ] **1/2 c. à c. de noix de muscade**
- [ ] **1 gousse d'ail**
- [ ] **sel, poivre**

1 Mélanger tous les ingrédients sauf le lait.
2 Verser dans un plat à gratin frotté à l'ail.
3 Recouvrir de lait.
4 Cuire à four moyen, 1 h 30.

\* **Plat de résistance complet à consommer pendant la saison froide.**

# Feuilles de vigne au tofu

- [ ] **125 g de tofu émietté**
- [ ] **200 g de riz cuit**
- [ ] **3 gousses d'ail hachées**
- [ ] **50 g de noix hachées**
- [ ] **1 c. à s. de jus de citron**
- [ ] **1 c. à c. de graines de coriandre**
- [ ] **1 c. à c. de tamari**
- [ ] **1 pincée de cardamone**
- [ ] **1 pincée de cumin**
- [ ] **1 c. à s. d'huile d'olive**
- [ ] **sel, poivre**
- [ ] **feuilles de vigne**

1 Faire revenir les oignons et l'ail dans l'huile d'olive.
2 Ajouter le riz, le tofu, le jus de citron, les noix, les épices et le tamari.
3 Bien mélanger et ôter du feu.
4 Prendre une feuille de vigne, (couper la partie dure et la queue), la farcir d'une c. à c. du mélanger et former un petit rouleau.
5 Déposer les rouleaux dans un plat, et les arroser d'un filet d'huile d'olive.

\* **Hors d'œuvre original inspiré de la cuisine du Moyen-Orient.**

# Galettes de tofu

- [ ] **300 g de tofu**
- [ ] **40 g de flocons (blé, orge, riz ou avoine)**
- [ ] **3 c. à s. de tamari (ou de shoyu)**
- [ ] **1 œuf ou 1 c. à c. de purée d'amandes**
- [ ] **80 g de Comté râpé**
- [ ] **1 c. à c. d'huile d'olive**
- [ ] **sel (facultatif)**
- [ ] **huile ou graisse végétale pour la cuisson**

1  Emietter le tofu et le mélanger à tous les ingrédients.
2  Former des galettes et faire cuire à la poêle 3 mn de chaque côté dans l'huile.

* **Avec une salade verte...**

# Galettes de tofu au fromage

☐ **250 g de tofu**
☐ **100 g de Comté râpé**
☐ **3 c. à s. de petits flocons d'avoine ou de millet**
☐ **2 c. à s. de tamari**
☐ **1 c. à s. de farine bise**
☐ **1 pincée de noix de muscade**
☐ **sel**
☐ **poivre (facultatif)**
☐ **huile pour cuisson**

1  Bien mélanger tous les ingrédients.
2  Façonner de petites galettes.
3  Les faire dorer à la poêle , 5 mn de chaque côté.
4  Les servir entourées de légumes verts.

# Galettes de tofu aux légumes

- ☐ 300 g de tofu
- ☐ 3 c. à s. de tamari (ou shoyu)
- ☐ 40 g de flocons de blé (ou autre)
- ☐ 1 c. à c. de purée d'amandes
- ☐ 60 g de champignons émincés
- ☐ 1 échalote hachée
- ☐ 2 gousses d'ail hachées
- ☐ 10 olives noires dénoyautées et coupées en morceaux
- ☐ 1 c. à c. d'huile d'olive
- ☐ persil ou herbes de Provence

1 Faire revenir à l'huile d'olive l'échalote, l'ail et les champignons.
2 Mélanger ensuite tous les ingrédients.
3 Former des galettes et cuire à la poêle.

\* Ces galettes très nourrissantes, peuvent être confectionnées à partir de divers légumes : carottes râpées, courgettes, poireaux émincés...


# Gratin à la provençale

- ☐ 200 g de tofu émietté
- ☐ 1 pot de sauce tomate
- ☐ 2 aubergines coupées en dés
- ☐ 1 courgette coupée en dés
- ☐ 100 g de champignons émincés
- ☐ 2 gousses d'ail hachées
- ☐ 1 gros oignon émincé
- ☐ 80 g d'olives noires dénoyautées
- ☐ 100 g de Comté râpé
- ☐ herbe de Provence
- ☐ 2 c. à s. d'huile d'olive
- ☐ sel

1 Faire cuire à l'étouffée les aubergines et les courgettes dans un peu d'huile d'olive.

2 Pendant ce temps, faire revenir le tofu avec l'oignon, les champignons et l'ail dans l'huile d'olive.

3 Leur ajouter la sauce tomate, les olives, le sel et les herbes.

4 Puis incorporer ce mélange aux légumes cuits et bien mélanger le tout.

5 Verser dans un plat à gratin et recouvrir de Comté râpé.

6 Passer à four moyen 20 mn pour gratiner.

# Gratin de macaronis au tofu

- ☐ **350 g de tofu émietté**
- ☐ **800 g d'épinards**
- ☐ **300 g de champignons émincés**
- ☐ **400 g de sauce tomate**
- ☐ **80 g de Comté râpé**
- ☐ **250 g de macaronis**
- ☐ **2 gousses d'ail hachées**
- ☐ **1 c. à c. d'herbes de Provence en poudre**
- ☐ **1 c. à s. d'huile de tournesol**
- ☐ **sel**

1 Faire cuire les épinards.

2 Faire revenir le tofu à la poêle avec les champignons et l'ail.

3 Ajouter la sauce tomate, les herbes et le sel.

4 Mettre les pâtes à cuire.

5 Quand elles sont cuites, huiler un plat à gratin et mettre une couche de pâtes, une couche d'épinards, une couche de sauce au tofu et recommencer une deuxième fois.

6 Recouvrir de Comté râpé et passer au four pour gratiner 10 mn.

# Hamburgers

- [ ] **250 g de tofu émietté**
- [ ] 1 tasse de petits flocons d'avoine
- [ ] 1 c. à s. de ketchup
- [ ] 1 c. à s. de tamari
- [ ] 1 oignon émincé
- [ ] 1 c. à c. de moutarde au citron
- [ ] sel, poivre
- [ ] huile pour la cuisson

1 Mélanger tous les ingrédients afin d'obtenir une préparation homogène.

2 Façonner des boulettes que vous aplatissez.

3 Les faire cuire à la poêle dans un peu d'huile quelques minutes de chaque côté.

\* Disposer entre deux moitiés de petits pains ronds au sésame. Ajouter une feuille de salade, une rondelle d'oignon, une moitié de cornichon, une rondelle de tomate... Très appréciés des enfants.

# Hamburgers au tofu

- [ ] 6 petites tranches de tofu
- [ ] 6 fines tranches de Comté ou d'Emmental
- [ ] quelques rondelles d'oignons
- [ ] 6 rondelles de tomates
- [ ] quelques tranches de cornichons
- [ ] tamari
- [ ] moutarde
- [ ] 6 petits pains ronds coupés en deux ou 12 tranches de pain de mie

1 Tartiner de moutarde les moitiés de petits pains ou les tranches de pain de mie.

2 Prendre une moitié de pain ou une tranche.

3 Garnir d'une tranche de tofu, puis recouvrir de Comté.

4 Ajouter l'oignon, la tomate, les cornichons.

5 Asperger de quelques gouttes de tamari.
6 Recouvrir de l'autre moitié du pain ou d'une tranche de pain de mie.
7 Passer 3 mn sous le grill.

\* **On peut remplacer la moutarde par du pâté végétal.**

# Nems végétariennes

- ☐ **250 g de tofu émietté**
- ☐ **2 oignons émincés**
- ☐ **2 carottes râpées**
- ☐ **150 g de chou coupé très fin**
- ☐ **2 gousses d'ail hachées**
- ☐ **2 c. à s. de tamari**
- ☐ **2 c. à s. d'huile de sésame**
- ☐ **1 œuf**
- ☐ **2 c. à s. de menthe hachée**
- ☐ **100 g de champignons émincés**
- ☐ **feuilles de nems**
- ☐ **huile pour friture**
- ☐ **sel**

1 Faire revenir les oignons dans l'huile et le tamari avec le tofu quelques minutes.
2 Bien mélanger tous les ingrédients.
3 Disposer 2 c. à s. de cette préparation sur une feuille de nems et former un rouleau.
4 Faire frire jusqu'à ce que la nem soit bien dorée.

\* **Servir entouré de feuilles de laitue et de menthe fraîche.**

# Omelette au tofu

- [ ] 150 g de tofu coupé en dés
- [ ] 6 œufs
- [ ] 150 g de champignons émincés
- [ ] 1 c. à c. de tamari (ou shoyu)
- [ ] 1 c. à c. de gomasio
- [ ] 2 c. à s. de persil ou ciboulette haché
- [ ] 1 gousse d'ail hachée fin
- [ ] 1 c. à s. d'huile

1 Faire revenir les champignons dans l'huile.
2 Faire cuire le tofu 3 mn à l'eau salée puis l'égoutter.
3 Mélanger les œufs, le tofu, les champignons, les herbes, l'ail, le tamari, et le gomasio.
4 Bien battre la totalité des ingrédients.
5 Faire chauffer l'huile dans la poêle, puis verser le tout et cuire comme une omelette.

\* Très nourrissant !

# Omelette de tofu aux légumes

- [ ] 375 g de tofu écrasé
- [ ] 100 g de poireaux émincés très finement
- [ ] 3 oignons émincés
- [ ] 150 g de champignons émincés
- [ ] 100 g de carottes râpées
- [ ] 4 c. à s. d'huile de tournesol
- [ ] 200 g de Comté râpé
- [ ] 2 c. à c. de persil haché
- [ ] 1 c. à c. de ciboulette hachée
- [ ] 1 c. à c. de cerfeuil haché
- [ ] 1 c. à c. d'estragon haché

1 Faire revenir les oignons, les carottes, les champignons et les poireaux dans deux c. à s. d'huile.

2 Dans une autre poêle, faire sauter le tofu écrasé avec le restant d'huile et les herbes (sauf le persil) environ 10 mn.

3 Incorporer le tofu aux légumes.

4 Saler, recouvrir de Comté et saupoudrer de persil.

5 Servir lorsque le fromage est complètement fondu.

\* Ce plat très complet supporte uniquement une légère salade verte.


# Pâté de tofu aux herbes

☐ 400 g de tofu
☐ 100 g d'olives noires dénoyautées
☐ 3 feuilles vertes de blettes
☐ 1 poignée d'épinards
☐ 4 à 5 feuilles de laitue
☐ 300 g de pain complet rassis
☐ 6 c. à s. de farine bise
☐ 2 œufs
☐ 2 c. à s. de purée de sésame
☐ 1 c. à c. de persil haché
☐ 2 gousses d'ail hachées
☐ noix de muscade
☐ sel

1 Cuire les blettes, les épinards et la laitue à la vapeur 10 mn ; les hacher menu.

2 Mettre le pain à tremper dans l'eau.

3 Réduire le tofu en miettes, le mettre dans un saladier en ajoutant la farine, les œufs, la purée de sésame, le persil, l'ail, les feuilles hachées, le pain émietté et les olives.

4 Verser le mélange dans un moule à cake huilé et passer à four moyen 45 mn.

\* Vous pouvez remplacer le mélange d'épinards, laitue et blettes par la même quantité d'une seule variété...

# Poivrons farcis

- [ ] **4 poivrons**
- [ ] **2 tomates**
- [ ] **2 oignons émincés**
- [ ] **2 gousses d'ail hachées fin**
- [ ] **200 g de tofu**
- [ ] **4 c. à s. de riz complet cuit**
- [ ] **1 c. à s. de tapenade**
- [ ] **1 c. à s. d'huile d'olive**
- [ ] **1 c. à c. d'herbes de Provence**
- [ ] **sel**

1 Evider les poivrons.
2 Faire revenir les oignons et les tomates dans l'huile d'olive.
3 Les mélanger au tofu en miettes, à l'ail, au riz, à la tapenade, au sel et aux herbes.
4 Remplir les poivrons de ce mélange.
5 Passer à four moyen 1 h.

\* A la place des poivrons, des courgettes, des tomates, ou des aubergines feront l'affaire.

COURGE

# Poivrons farcis au tofu et au sarrasin

- [ ] **250 g de tofu émietté**
- [ ] **6 poivrons évidés**
- [ ] **1 tasse de sarrasin cuit**

- ☐ 1 oignon émincé
- ☐ 150 g de purée de tomates
- ☐ 1 c. à s. d'huile de tournesol
- ☐ 2 c. à s. de graines de sésame
- ☐ 80 g d'olives noires hachées
- ☐ 1 c. à s. de jus de citron
- ☐ 1 c. à s. de persil haché
- ☐ 80 g de Comté râpé
- ☐ sel

1 Faire revenir l'oignon dans l'huile.
2 Ajouter le sarrasin, le tofu et faire sauter 3 mn avec le jus de citron.
3 Ajouter la purée de tomates, les olives, les graines de sésame et le persil.
4 Saler et ajouter le Comté.
5 Remplir les poivrons de cette préparation.
6 Les déposer dans un plat à gratin huilé et cuire à four chaud 30 mn.

\* Le sarrasin peut être remplacé par une autre céréale cuite : riz complet, couscous, boulghour, millet.

# Purée au tofu

- ☐ 250 g de tofu
- ☐ 500 g de pommes de terre
- ☐ 1 verre de lait de soja (ou de vache ou d'amandes)
- ☐ 1 c. à s. d'huile d'olive
- ☐ 1 c. à s. de persil
- ☐ 1/2 c. à c. de noix de muscade
- ☐ 1 gousse d'ail
- ☐ sel

1 Cuire les pommes de terre à la vapeur.
2 Les mixer avec le tofu, le lait, l'huile, l'ail, le persil et la noix de muscade.

# Quiche au tofu à la provençale

- [ ] 250 g de pâte brisée (faite avec de la farine bise)
- [ ] 2 courgettes coupées en fines rondelles
- [ ] 3 tomates pelées et coupées en petits dés
- [ ] 1 oignon émincé
- [ ] 2 gousses d'ail hachées
- [ ] 1 c. à s. de basilic haché
- [ ] 200 g de tofu émietté
- [ ] 15 cl de crème fraîche
- [ ] 100 g d'olives noires dénoyautées
- [ ] 70 g de Comté râpé
- [ ] 1 c. à s. d'huile d'olive
- [ ] 1 c. à c. de tamari
- [ ] sel

1 Abaisser la pâte dans un moule à tarte graissé.
2 Faire revenir l'oignon dans l'huile quelques minutes.
3 Ajouter les courgettes, les tomates et l'ail et laisser cuire 20 à 30 mn.
4 Incorporer le tofu, le tamari et les herbes. Saler et cuire encore 10 mn.
5 Oter du feu, ajouter la crème fraîche et le Comté à cette préparation et bien mélanger.
6 Verser le tout sur la pâte et cuire à four chaud 35 mn.
7 Déguster chaud.

\* A la place du basilic, de la menthe...

# Riz forestier

- [ ] 200 g de tofu émietté
- [ ] 300 g de riz long complet
- [ ] 300 g de champignons de Paris
- [ ] 100 g d'olives noires dénoyautées
- [ ] 2 oignons émincés
- [ ] 2 c. à s. d'huile d'olive

- ☐ 1 c. à c. de tamari (ou shoyu)
- ☐ 1 clou de girofle
- ☐ thym, laurier
- ☐ sel

1. Faire revenir les oignons dans l'huile, puis les champignons et le tofu.
2. Cuire le riz à l'eau salée avec le clou de girofle, le thym et le laurier, environ 20 mn.
3. Puis y ajouter le mélange précédent ainsi que les olives et le tamari.
4. Bien remuer et laisser mijoter doucement encore 15 mn.

\* On peut remplacer le riz par n'importe quelle autre céréale (orge, pâtes,...), diminuer alors le temps de cuisson.

# Soupe de légumes au tofu

- ☐ 250 g de tofu coupé en petits dés
- ☐ 2 oignons émincés
- ☐ 2 carottes coupées en dés
- ☐ 1 branche de céleri émincée
- ☐ 1 navet coupé en dés
- ☐ 1 poireau émincé
- ☐ 1 petit morceau de courge coupé en dés
- ☐ 1 fenouil coupé en dés
- ☐ 2 c. à s. d'huile d'olive
- ☐ 1 branche de thym
- ☐ 1 clou de girofle
- ☐ 1 c. à c. de persil haché
- ☐ 1 feuille de laurier
- ☐ 1 gousse d'ail hachée
- ☐ 1 c. à c. de miso

1. Faire fondre les oignons dans l'huile.
2. Ajouter tous les autres ingrédients et recouvrir d'eau.
3. Laisser cuire environ 30 mn à feu moyen.
4. Servir chaud.

\* Vous pouvez aussi mixer cette soupe... à laquelle le tofu donne toute son onctuosité.

# Soupe à l'oignon au tofu

- [ ] **250 g de tofu coupé en petits dés**
- [ ] **5 gros oignons émincés**
- [ ] **2 c. à s. d'huile de tournesol**
- [ ] **1 c. à c. de Plantamare**
- [ ] **1 c. à c. de paprika**
- [ ] **1 pincée de noix de muscade**
- [ ] **petits croûtons**
- [ ] **100 g de Comté râpé**
- [ ] **sel, poivre**

1 Faire fondre doucement les oignons dans l'huile.
2 Recouvrir largement d'eau et ajouter le paprika, la muscade, le Plantamare, le sel et le poivre.
3 Laisser cuire 20 mn.
4 Servir avec des petits croûtons et saupoudrer de Comté.

# Tarte salée au tofu

- [ ] **350 g de tofu émietté**
- [ ] **250 g de pâte brisée (faite avec de la farine bise ou complète)**
- [ ] **300 g de champignons coupés fin**
- [ ] **2 œufs**
- [ ] **100 g de Comté râpé**
- [ ] **3 oignons émincés**
- [ ] **2 gousses d'ail hachées**
- [ ] **2 c. à s. d'huile d'olive**
- [ ] **noix de muscade**
- [ ] **gingembre**
- [ ] **sel**

1 Etaler la pâte dans un moule à tarte beurré.
2 Faire revenir les oignons et les champignons dans l'huile.

3 Incorporer le tofu, puis les œufs, les oignons, les champignons et assaisonner avec l'ail, le sel et les épices.
4 Bien mélanger.
5 Verser sur la pâte à tarte, recouvrir de Comté et cuire à four chaud 40 mn.

\* **Vous pouvez remplacer les champignons par des poireaux, des épinards, des carottes, etc...**

AUBERGINE

# Tofu à l'algérienne

- ☐ **400 g de tofu émietté**
- ☐ **200 g de biscottes écrasées**
- ☐ **2 œufs**
- ☐ **1 c. à s. de persil haché**
- ☐ **1 citron**
- ☐ **sel**
- ☐ **huile d'olive pour frire**

1 Mélanger le tofu avec les biscottes, le persil, l'œuf battu et le sel.
2 Rouler en forme de petits cigares et cuire à la poêle dans l'huile.

\* **Servir arrosé d'un jus de citron et rouler dans des feuilles de laitue.**

# Tofu à l'africaine

- [ ] 400 g de tofu en dés
- [ ] 500 g de tomates pelées et coupées en dés
- [ ] 1 poivron rouge coupé en lanières
- [ ] 1 poivron vert coupé en lanières
- [ ] 2 petites aubergines coupées en rondelles très fines
- [ ] 1 oignon émincé
- [ ] 100 g de raisins secs
- [ ] 2 c. à s. d'huile d'arachide (ou d'olive)
- [ ] 1 c. à s. de tamari
- [ ] 1/2 c. à s. de 4 épices
- [ ] 1/2 c. à c. de cumin en poudre
- [ ] 1/2 c. à c. de curry
- [ ] 1 pincée de paprika
- [ ] sel, poivre

*Nappage :*
- [ ] 30 cl de yaourt
- [ ] 1 œuf
- [ ] le jus d'1/2 citron
- [ ] 1 c. à c. de graines de cumin légèrement grillées

1 Faire revenir l'oignon dans l'huile 5 mn.
2 Ajouter le tofu et les épices et laisser cuire encore 5 mn.
3 Ajouter les légumes et les raisins secs.
4 Bien remuer et laisser cuire 30 mn.
5 Verser le tamari et rectifier l'assaisonnement.
6 Verser le tout dans un plat à gratin huilé.
7 Mélanger le yaourt, l'œuf, le jus de citron et les graines de cumin.
8 Verser sur les légumes.
9 Passer 30 mn à four chaud.

\* Dans cette recette, le tofu absorbe particulièrement bien la couleur et la saveur des légumes et des épices.

# Tofu au tamari

☐ 300 g de tofu coupé en tranches d'un centimètre d'épaisseur
☐ 2 c. à s. de tamari
☐ huile pour la cuisson

1 Verser le tamari ainsi qu'une c. à s. d'eau dans une assiette creuse.
2 Y déposer le tofu et le laisser mariner quelques instants.
3 Le faire ensuite revenir quelques minutes de chaque côté dans l'huile.

# Tofu aux carottes

☐ 200 g de tofu émietté
☐ 600 g de carottes coupées en rondelles
☐ 80 g de raisins secs
☐ 1 gros oignon
☐ 2 gousses d'ail hachées
☐ 1 c. à s. de persil haché (ou de cerfeuil)
☐ 2 c. à s. d'huile d'olive
☐ 1 c. à s. de tamari
☐ sel

1 Cuire à l'étouffée (ou à la vapeur) les carottes.
2 Pendant ce temps, faire revenir les oignons dans l'huile d'olive avec le tofu et l'ail.
3 Quand les carottes sont cuites, les verser dans la poêle avec les oignons, le tofu, et ajouter les raisins, le tamari et le sel.
4 Faire revenir 10 mn à feu vif.
5 En fin de cuisson, ajouter le persil.

* Les carottes peuvent être remplacées par des courgettes, champignons, navets, etc.
* La saveur sucrée des raisins secs se marie admirablement avec celle des carottes.

# Tofu brouillé

- [ ] **375 g de tofu émietté finement**
- [ ] **1 carotte découpée en petits dés**
- [ ] **150 g de champignons émincés**
- [ ] **1 oignon émincé**
- [ ] **1 c. à s. d'huile**
- [ ] **2 c. à c. de tamari**
- [ ] **1 c. à s. de graines de sésame**

1 Faire revenir dans l'huile les champignons, l'oignon et la carotte quelques minutes.
2 Ajouter le tofu, le tamari et les graines de sésame.
3 Remuer constamment jusqu'à ce que la préparation soit assez sèche.

\* **Varier selon les légumes de saison.**

# Tofu grillé

- [ ] **400 g de tofu coupé en tranches**
- [ ] **2 c. à s. de tamari (ou shoyu)**
- [ ] **1 c. à c. de miso**
- [ ] **1 c. à s. d'huile de soja**
- [ ] **1 c. à c. de moutarde au citron**
- [ ] **ail en poudre**
- [ ] **1 c. à s. d'herbes de Provence**

1 Mélanger tous les ingrédients et mettre les tranches de tofu à macérer 1 h environ.
2 Puis les faire cuire à la poêle des deux côtés.

# Tofu mariné

☐ **350 g de tofu coupé en tranches**
*Marinade :*
☐ **1 c. à c. de tamari**
☐ **2 c. à c. de tamari**
☐ **2 c. à c. de vinaigre au cidre**
☐ **1 clou de girofle**
☐ **1/2 c. à c. de gingembre en poudre**
☐ **1/4 l d'eau**

1 Faire chauffer l'huile avec les épices à feu doux 2 mn.
2 Ajouter les autres ingrédients.
3 Mélanger bien.
4 Laisser le tofu cuire 20 mn dans cette sauce.

\* **Accompagner ce tofu d'un mélange de légumes sautés et d'une petite portion de millet.**

# Tofu pané

☐ **400 g de tofu coupé en tranches fines**
☐ **150 g de farine bise**
☐ **1 c. à s. d'huile d'olive**
☐ **1 œuf**
☐ **chapelure**
☐ **sel**
☐ **huile de palme ou d'olive pour la cuisson**

1 Faire une pâte à frire avec la farine, l'œuf, le sel, l'huile d'olive et l'eau.
2 Fariner les tranches de tofu, puis les passer dans la pâte à frire, puis dans la chapelure.
3 Mettre les tranches de tofu à frire à la poêle.

# Tomates farcies

- [ ] **200 g de tofu émietté**
- [ ] **6 grosses tomates**
- [ ] **150 g de champignons émincés et revenus dans l'huile**
- [ ] **3 c. à s. d'échalotes (ou d'oignons) hachées**
- [ ] **60 g d'olives noires dénoyautées et coupées en dés**
- [ ] **2 gousses d'ail hachées fin**
- [ ] **2 c. à s. de mie de pain**
- [ ] **1 c. à s. de persil haché**
- [ ] **sel**

1 Oter le couvercle des tomates et les évider.

2 Mélanger ensemble le tofu, les échalotes, les olives, les champignons, l'ail, le persil, la mie de pain et le sel.

3 Remplir les tomates de ce mélange.

4 Remettre le couvercle sur les tomates et passer à four moyen, 1 h.

\* **Des tomates ou des poivrons ou des courgettes, ou des aubergines !**

# Tourte au tofu

- [ ] **250 g de tofu émietté**
- [ ] **400 g de pâte brisée**
- [ ] **100 g de carottes coupées en dés**
- [ ] **150 g de champignons émincés**
- [ ] **100 g de chou-fleur émincé**
- [ ] **150 g d'épinards coupés en dés**
- [ ] **2 gousses d'ail hachées**
- [ ] **1 oignon émincé**
- [ ] **1 c. à s. d'huile de tournesol**
- [ ] **2 c. à s. de persil**
- [ ] **1 pincée de noix de muscade**
- [ ] **3 c. à s. de purée de tomates (ou de crème fraîche)**
- [ ] **1 c. à c. de curcuma en poudre**
- [ ] **2 c. à s. de graines de tournesol**
- [ ] **1 c. à s. de tamari**
- [ ] **1 c. à s. de farine**
- [ ] **sel**

1 Faire revenir l'oignon dans l'huile 5 mn.
2 Puis ajouter les champignons, les carottes, le chou-fleur, et les épinards.
3 Laisser cuire doucement 1/4 d'heure.
4 Ajouter l'eau, la farine, les aromates, le tamari, l'ail et le tofu, cuire encore 10 mn en remuant.
5 Saler.
6 Abaisser la moitié de la pâte dans un moule à tarte beurré.
7 Garnir la pâte de la préparation aux légumes.
8 Recouvrir de l'autre moitié de pâte.
9 Saupoudrer de graines de tournesol.
10 Cuire à four chaud 30 mn.

\* **Plat remarquablement équilibré.**

# Vols au vent au tofu

- ☐ 180 g de tofu coupé en très petits cubes
- ☐ 6 vols au vent
- ☐ 1/2 l de sauce Béchamel
- ☐ 1 oignon émincé
- ☐ 200 g de champignons émincés
- ☐ 2 c. à s. d'huile de tournesol
- ☐ 1 carotte cuite coupée en petits dés
- ☐ 1 poignée de petits pois cuits
- ☐ 1 c. à s. de persil haché
- ☐ 2 gousses d'ail hachées
- ☐ 1/2 c. à c. de noix de muscade
- ☐ sel
- ☐ poivre (facultatif)

1 Faire revenir les oignons et les champignons à l'huile quelques minutes.

2 Ajouter le tofu et cuire encore 5 mn.

3 Oter du feu et les mélanger à la sauce Béchamel, aux légumes et aux aromates.

4 Remplir les vols au vent de cette préparation.

5 Servir très chaud.

# LES DESSERTS

## Crème aux abricots et au tofu

- ☐ 400 g de tofu
- ☐ 500 g d'abricots bien mûrs
- ☐ 3 à 4 c. à s. de miel ou de sucre complet
- ☐ 2 yaourts (ou 250 g de fromage blanc)
- ☐ 1 pincée de cannelle

1 Mettre tous les ingrédients dans le bol mixer et bien mélanger jusqu'à l'obtention d'une crème lisse et onctueuse.
2 Servir très frais.
3 Présenter dans de petites coupes individuelles, et saupoudrer de noix hachées ou de noix de coco râpée.

\* Tous les fruits seront les bienvenus dans cette recette... essayez les fruits rouges (fraises, framboises, mûres, myrtilles, cassis...) vous serez conquis !

# Crème d'ananas

- ☐ **300 g de tofu**
- ☐ **500 g d'ananas (frais de préférence)**
- ☐ **200 g de fromage blanc (ou de crème fraîche)**
- ☐ **4 c. à s. de sucre complet (ou de sucre roux non raffiné)**

1 Mixer l'ananas, le tofu, le fromage blanc et le sucre jusqu'à l'obtention d'une crème onctueuse.

2 Verser dans de petites coupes individuelles.

3 Décorer de quelques amandes effilées.

# Crème à la banane

- ☐ **200 g de tofu**
- ☐ **4 bananes bien mûres**
- ☐ **4 c. à s. de miel ou de sucre complet**
- ☐ **3 yaourts (ou 350 g de fromage blanc)**
- ☐ **1/2 c. à c. de cannelle**
- ☐ **1 pincée de vanille**
- ☐ **1 c. à c. de germes de blé (ou de levure maltée)**
- ☐ **1 c. à c. de jus de citron**

1 Mélanger tous les ingrédients dans le bol mixer jusqu'à l'obtention d'une crème onctueuse.

2 Conserver au frais.

\* **Tout simplement délicieux !**

# Crème de marrons au tofu

- [ ] **200 g de tofu**
- [ ] **400 g de crème de marrons légèrement sucrée**
- [ ] **1/2 c. à c. de vanille en poudre**

1 Passer le tout au mixer.
2 Verser dans de petites coupelles et tenir au frais.

\* **Vous obtenez une crème onctueuse très riche en protéines.**

MIEL

# Crème de tofu au yaourt

- [ ] **300 g de tofu**
- [ ] **2 yaourts ou (250 g de fromage blanc)**
- [ ] **4 c. à s. de miel ou de sucre complet**
- [ ] **le jus d'1/2 citron**
- [ ] **1 c. à c. de vanille en poudre**
- [ ] **sel**

1 Bien mélanger tous les ingrédients dans le bol mixer jusqu'à l'obtention d'une crème onctueuse.

\* **Cette crème peut être mangée nature au petit déjeuner ou au goûter, mais aussi s'utiliser comme un yaourt ou fromage blanc et servir de base à un muesli ou à un dessert.**
\* **On peut lui incorporer de la crème de pruneaux, on obtient alors une crème de pruneaux. Ou encore :**
  • **de la confiture**
  • **des fruits secs hachés**
  • **des fruits frais : rondelles de bananes, pommes et poires en dés...**
  • **des épices : cannelle, gingembre**
  • **de l'eau de rose ou de fleur d'oranger.**

# Crème de tofu pour nappage

- ☐ 250 g de tofu
- ☐ 100 g de sucre roux non raffiné
- ☐ 1 c. à s. de vanille en poudre
- ☐ 2 c. à s. de jus de citron
- ☐ 12 cl de lait (vache, soja ou amandes)

1 Bien mélanger tous les ingrédients dans le bol mixer jusqu'à l'obtention d'une crème onctueuse.

\* Pour napper des fruits, salades de fruits ou des gâteaux.

# Gâteau fromage au tofu et à la cannelle

- ☐ 125 g de tofu
- ☐ 250 g de farine bise
- ☐ 125 g de sucre roux non raffiné
- ☐ 2 œufs
- ☐ 75 g de beurre
- ☐ 15 cl de lait de soja
- ☐ 1 c. à s. de confiture d'abricot (ou de framboise)
- ☐ 1 c. à c. de bicarbonate de soude
- ☐ 1 pincée de sel

*Garniture :*
- ☐ 50 g de sucre roux non raffiné
- ☐ 50 g de farine
- ☐ 30 g de beurre fondu
- ☐ 1 c. à c. de cannelle en poudre

1 Mélanger la farine, la levure, le sucre et le sel.

2 Incorporer le beurre légèrement fondu jusqu'à obtenir une pâte assez friable.

3 Dans un autre saladier, battre les œufs, le tofu mixé, le lait et la confiture.

4 Mélanger ensemble les deux préparations (vous pouvez les mélanger au mixer), jusqu'à obtenir une pâte homogène.

5 La verser dans un moule à tarte détachable beurré.

6 Mélanger entre eux tous les éléments de la garniture.

7 Vous obtenez une préparation granuleuse que vous disposez uniformément sur la pâte.

8 Passer à four moyen (180°) 1 h environ.

9 Démouler 5 mn après et laisser refroidir sur une grille.

# Gâteau au fromage blanc et au tofu

- ☐ **250 g de tofu**
- ☐ **250 g de pâte brisée (faite avec de la farine bise ou complète)**
- ☐ **500 g de fromage blanc**
- ☐ **4 œufs**
- ☐ **200 g de sucre roux non raffiné**
- ☐ **4 c. à s. de farine bise**
- ☐ **2 c. à c. de Cointreau (ou parfum au choix)**
- ☐ **125 g de raisins secs (facultatif)**

1 Mixer le tofu avec le fromage blanc, puis ajouter tous les ingrédients.

2 Bien mélanger.

3 Foncer un moule à manqué beurré avec la pâte brisée.

4 Verser dessus la préparation au fromage.

5 Cuire à four chaud 40 mn.

\* **Les blancs d'œufs peuvent être battus en neige et ajoutés délicatement en dernier.**

# Mousse à la banane

- ☐ **400 g de tofu**
- ☐ **300 g de bananes**
- ☐ **1 c. à s. de jus de citron**
- ☐ **2 c. à c. de cannelle en poudre**
- ☐ **5 c. à s. de sucre non raffiné**
- ☐ **1 c. à c. de purée d'amandes**
- ☐ **1 verre d'eau**

1 Faire cuire 10 mn environ le tofu coupé en gros dés dans le verre d'eau, le citron et le sucre.

2 Hors du feu, y ajouter les bananes, la cannelle et la purée d'amandes.

3 Passer au mixer.

NOIX

# Mousse aux framboises

- ☐ **400 g de tofu**
- ☐ **200 g de framboises**
- ☐ **3 c. à s. de jus de citron**
- ☐ **1 œuf**
- ☐ **5 c. à s. de sucre non raffiné**
- ☐ **1/2 verre d'eau**

1 Couper le tofu en gros dés.

2 Le mettre dans une casserole avec 80 g de framboises, le citron, le sucre et l'eau.

3 Laisser cuire 10 mn en remuant.

4 Quand le mélange est refroidi, ajouter les framboises restantes, l'œuf, et passer le tout au mixer jusqu'à obtention d'une mousse onctueuse.

5 Servir très frais.

\* **Vous pouvez remplacer les framboises par des abricots, des fraises, etc...**

# Mousse aux pruneaux

- [ ] **200 g de tofu**
- [ ] **1 tasse de pruneaux mis à tremper**
- [ ] **1/2 tasse de jus de cuisson des fruits**
- [ ] **2 c. à s. de miel ou de sucre complet**

1. Cuire les pruneaux dans leur eau de trempage.
2. Les porter à ébullition.
3. Oter du feu.
4. Dénoyauter les pruneaux et les mettre avec le tofu, le miel et le jus de cuisson dans un bol mixer.
5. Mixer le tout jusqu'à obtenir une mousse homogène.
6. Verser dans de petits ramequins individuels et mettre au frais.

Encore plus rapide :

- [ ] **1 pot de purée de pruneaux (350 g) non sucrée que l'on mixe avec 200 g de tofu et du sucre complet**

85

# Mousse aux pruneaux et aux noix

- ☐ 200 g de tofu
- ☐ 1 tasse de pruneaux mis à tremper
- ☐ 1/2 tasse de jus de cuisson des pruneaux
- ☐ 2 c. à s. de sucre complet ou de miel ou de sève d'érable
- ☐ 1/2 tasse de noix hachées grossièrement
- ☐ le zeste d'une orange hachée

1 Cuire les pruneaux dans leur eau de trempage.
2 Porter à ébullition et ôter du feu.
3 Dénoyauter les pruneaux.
4 Les mettre avec le tofu, le jus de cuisson et le sucre dans le bol mixer.
5 Mixer jusqu'à l'obtention d'une mousse homogène.
6 Incorporer les noix et le zeste d'orange.
7 Verser dans de petits ramequins individuels et mettre au frais.

\* Le tofu apporte son onctuosité à cette crème.

ABRICOT

# Salade de fruits secs à la crème de tofu

- ☐ 1/2 l de crème de tofu pour nappage (voir recette)
- ☐ 50 g de noix de coco râpée
- ☐ 80 g de raisins secs

- [ ] **60 g de noix hachées**
- [ ] **100 g de dattes dénoyautées**
- [ ] **100 g de pruneaux dénoyautés**
- [ ] **1 c. à s. de graines de tournesol**
- [ ] **3 bananes coupées en rondelles**
- [ ] **1 c. à s. de germes de blé (facultatif)**
- [ ] **1 pincée de vanille en poudre**
- [ ] **1 zeste d'orange râpée**
- [ ] **60 g d'amandes hachées**

1 Bien mélanger tous les ingrédients (excepté la crème de tofu).

2 Verser dans de petites coupelles et napper de crème de tofu.

\* **Variante : hacher finement tous les fruits secs ainsi que les dattes et les pruneaux.**

\* **Excellent petit déjeuner énergétique.**

# Salade de fruits au tofu

- [ ] **1/2 l de crème de tofu pour nappage (voir recette)**
- [ ] **2 oranges coupées en dés**
- [ ] **2 pommes coupées en dés**
- [ ] **3 rondelles d'ananas coupées en dés**
- [ ] **2 bananes coupées en rondelles**
- [ ] **1 poire coupée en dés**
- [ ] **1 kiwi coupé en rondelles fines**
- [ ] **1 poignée de raisins secs**
- [ ] **1 c. à s. de fleur d'oranger**

1 Bien mélanger tous les ingrédients (excepté la crème de tofu).

2 Verser dans de petites coupelles et napper de crème de tofu.

3 Décorer d'amandes effilées.

\* **La même avec des fruits d'été : pêches, fraises, framboises, abricots, prunes, cerises, raisins...**

# Tarte à la banane et au tofu

- [ ] **500 g de tofu**
- [ ] **250 g de pâte à tarte**
- [ ] **3 bananes bien mûres**
- [ ] **150 g de sucre roux non raffiné ou sève d'érable**
- [ ] **1 c. à c. de vanille**
- [ ] **1 c. à s. de cannelle**
- [ ] **100 g d'amandes ou de noix**
- [ ] **le jus d'un citron**

1  Etaler la pâte dans un moule à tarte et cuire à four chaud 10 mn.

2  Pendant ce temps, déposer tous les ingrédients dans le bol mixer et mixer jusqu'à obtention d'une crème lisse et onctueuse.

3  Verser cette préparation sur le fond de tarte précuit.

4  Cuire à four doux (150°) 30 mn.

5  Laisser refroidir.

# Tarte au chocolat

- ☐ **500 g de tofu**
- ☐ **250 g de pâte brisée ou sablée**
- ☐ **3 c. à s. de cacao**
- ☐ **150 g de sucre roux non raffiné ou de sucre complet ou de sève d'érable**
- ☐ **1 c. à c. de cannelle**
- ☐ **100 g de noix hachées**

1 Foncer un moule à tarte beurré avec la pâte.
2 Mélanger tous les autres ingrédients dans le bol mixer jusqu'à obtenir une crème lisse.
3 Incorporer les noix hachées.
4 Recouvrir le fond de la tarte de cette préparation.
5 Cuire à four moyen, 40 mn.
6 Au sortir du four, décorer de quelques cerneaux de noix.

\* **Plus originale, si vous ajoutez à la crème 4 gouttes d'extrait de menthe !**

# Tarte aux pruneaux

- 200 g de tofu
- 250 g de pâte à tarte (brisée ou sablée)
- 250 g de pruneaux dénoyautés mis à tremper
- le jus d'une orange
- 1 verre de jus de trempage des pruneaux
- 100 g de miel ou de sucre complet ou de sève d'érable
- 1 poignée de pignons de pin
- le zeste râpé d'une orange

1  Cuire le fond de tarte à blanc à four chaud 10 mn.

2  Déposer tous les ingrédients (sauf les pignons) dans le bol mixer et mélanger jusqu'à obtention d'une crème lisse.

3  Verser cette crème sur le fond de tarte précuit.

4  Saupoudrer de pignons de pin et remettre au four 20 mn.

\*  On obtient une tarte tout aussi délicieuse en remplaçant les pruneaux par des abricots secs mis à tremper la veille.

# VOCABULAIRE

CARDAMONE : les graines ont une forte odeur camphrée. Elles parfument gâteaux, tartes, riz au lait, etc...

CORIANDRE : feuilles et graines sont utilisées. La coriandre est un des principaux ingrédients du curry.

CUMIN : seul le fruit, entier ou pulvérisé, est utilisé. Parfume les riz, fromages, viandes fumées et conserves.

CURCUMA : le rhizome de la plante est généralement commercialisé en poudre. S'utilise avec le riz, les œufs, les omelettes, les salades, les sauces, etc...

CURRY : mélange d'épices renfermant de la cannelle, du cumin, du gingembre, de la muscade, du curcuma, du poivre, du piment, de la coriandre...

GINGEMBRE : seul est utilisé le rhizome charnu. Doser avec prudence son goût fort et épicé.

GOMASIO : condiment constitué de sel marin et de graines de sésame légèrement grillées, le tout réduit en poudre au mixer ou au pilon.

GRAISSE VÉGÉTALE : graisse solide à la température ambiante, issue du coco.

PLANTAMARE : condiment présenté sous forme de pâte, constituée de légumes, herbes, aromates et sel marin.

HERBES DE PROVENCE : mélange de thym, romarin, fenouil, sarriette, serpolet, marjolaine,...

HUILE DE SOJA : huile obtenue à partir du soja jaune. Riche en acides gras polyinsaturés.

MISO : pâte de soja fermentée très utilisée au Japon.

PAPRIKA : ou piment doux. Les fruits sont séchés et pulvérisés. Parfume moutarde, ketchup, fromage, légumes, etc.

PURÉE D'AMANDES : amandes grillées ou mondées réduites en fine purée. Pour sauces, mayonnaises, lait d'amandes, tartines...

SHOYU : sauce d'origine chinoise obtenue par fermentation du soja et d'une céréale.

SUCRE COMPLET : jus de canne à sucre simplement déshydraté. Reminéralisant.

TAMARI : condiment liquide qui résulte de la fabrication du miso.

TAPENADE : purée d'olives.

# TABLE DES MATIÈRES

95

Achevé d'imprimer par ⌣ Corlet, Imprimeur, S.A.
14110 Condé-sur-Noireau (France)
N° d'Imprimeur : 17536 - Dépôt légal : juin 1990

*Imprimé en C.E.E.*